经济管理学术文库 • 经济类

风险投资机构网络能力对投资绩效的影响：网络嵌入的调节作用研究

The Impact of Venture Capital Firms' Network Capability on Their Investment Performance: The Moderating Role of Network Embeddedness

王育晓／著

经济管理出版社
ECONOMY & MANAGEMENT PUBLISHING HOUSE

图书在版编目（CIP）数据

风险投资机构网络能力对投资绩效的影响：网络嵌入的调节作用研究/王育晓著. —北京：经济管理出版社，2018.5

ISBN 978-7-5096-5816-1

Ⅰ. ①风… Ⅱ. ①王… Ⅲ. ①风险投资—经济绩效—研究 Ⅳ. ①F830.59

中国版本图书馆 CIP 数据核字（2018）第 112131 号

组稿编辑：杨国强
责任编辑：杨国强 张瑞军
责任印制：黄章平
责任校对：董杉珊

出版发行：经济管理出版社
（北京市海淀区北蜂窝 8 号中雅大厦 A 座 11 层 100038）
网 址：www. E-mp. com. cn
电 话：(010) 51915602
印 刷：三河市延风印装有限公司
经 销：新华书店
开 本：720mm×1000mm/16
印 张：13.5
字 数：202 千字
版 次：2018 年 8 月第 1 版 2018 年 8 月第 1 次印刷
书 号：ISBN 978-7-5096-5816-1
定 价：68.00 元

序

目前在“大众创业、万众创新”政策引导下，风险投资业在推动创新驱动发展中的战略支撑与保障作用越发突出，但创新创业因其较高的不确定性与专业性，投资机构越发依赖于基于联合投资而形成的风险投资网络，以提高创业企业成功率进而获得高的投资收益。在理论研究方面，近 20 年来，一方面，伴随着社会网络理论的广泛运用，关于网络能力对企业绩效的影响研究，已从探讨二者之间的直接作用关系，拓展到引入网络位置、联系强度等中介或调节变量，深入揭示网络能力影响企业绩效的间接作用路径；另一方面，随着联合投资网络化特征与作用的日益凸显，以联合投资网络为研究对象，基于社会嵌入理论，从结构嵌入或关系嵌入视角，揭示网络位置、关系强度等网络嵌入属性对风投机构投资绩效的影响成为风险投资领域的研究热点之一。但将网络能力作为自变量深入揭示风投机构个体属性对其投资绩效的直接作用机理、从网络嵌入中关系最为密切却又难以区分的结构嵌入与关系嵌入及其交互入手，系统分析其对网络能力与投资绩效关系的调节效应的研究十分鲜见。这使得现有研究尚难以充分解释现实中联合投资网络中风投机构网络能力与投资绩效之间的复杂关系。

本书针对当前实践与理论中联合投资网络与投资绩效之间的复杂关系，综合考虑投资机构网络能力个体属性对投资绩效的直接影响，以及网络嵌入各种属性及其交互作用的调节效应，系统分析了联合投资网络各种属性及其交互特征对投资绩效影响的内在机理，具有重要的理论价值与实践价值。

在研究内容上，该书以联合风险投资网络为研究对象，基于社会网络理论，构建了风险机构网络能力个体属性，网络结构嵌入与关系嵌入的网络嵌入属性之间关系的理论框架，从网络资源感知先动能力与网络资源配置利用能力两个维度探讨了风险投资机构网络能力对投资绩效的直接效应，与结构嵌入、关系嵌入及其交互的调节效应，利用 CVSource 数据库相关数据构造变量测度指标，对上述直接效应与调节效应进行了检验。本书结构合理，思路清晰，方法科学恰当，文献资料翔实充足，论证充分。

在研究新颖上，本书结合风险投资运作过程及其知识资源的作用，界定了风险投资机构网络能力，从个体属性角度解释了联合投资网络中，因机构网络能力个体属性不同造成的绩效差异，拓展了企业网络能力的研究领域；整合风险机构网络能力个体属性与网络嵌入属性，厘清了个体属性与外部嵌入特征对投资绩效的作用机理，解释了网络个体属性差异可能带来的绩效差异，丰富了社会网络的研究领域；系统分析了联合投资网络结构嵌入、关系嵌入及其交互的调节作用，解释了风投机构网络能力与投资绩效的关系因网络嵌入的不同而产生的差异，有助于解释“嵌入性悖论”，拓展了网络嵌入的研究领域。

在研究结果上，本书发现：网络资源感知先动能力强的风投机构可利用丰富的、多样性的异质性网络资源，通过扩大项目选择集合、提高项目评估效率、加强对项目的监督以及增强对项目的增值服务，从而产生差异化的投资绩效差异；网络资源配置利用能力强的风投机构，借助伙伴的网络资源尤其是知识资源的组合效果，利用知识专业化来提高学习和知识应用效率，利用知识多样化提升适应性和灵活性，从而提高其投资绩效。网络结构嵌入与关系嵌入及其交互对风投机构网络能力与投资绩效的上述关系具有不同的调节作用。这些研究发现，为风投机构通过提升网络能力个体属性，通过改善联合投资网络嵌入特征，更好地发挥网络密度、网络位置与关系嵌入的作用，通过权衡网络结构嵌入与关系嵌入的相互关系，更好地发挥网络嵌入交互的作用进而提升投资绩效提供了理论依据，对风险投资的管理实践具有重要的指导意义。

王育晓副教授是我的博士生，一直从事风险投资网络研究方面的工作，具有扎实的管理科学基础、很强的科学研究能力和学术素养。本书是她多年来研究的精华，在研究对象的新颖性上、研究视角的创新性上、研究框架的整合性上，均达到国内较高甚至先进的学术水平；从研究意义的重要性和研究成果的丰富性上看，本书具有很高的出版和推广价值。

党兴华

西安理工大学教授、博士生导师

2018 年 5 月

前　言

获取高额投资回报是风投机构投资风险项目的终极目标，而成功退出则是实现这一目标的重要手段，随着社会网络理论与方法的发展及完善，如何运用联合投资网络优势提升风投机构的投资绩效，已成为风险投资行业实践界和理论家关注的热点问题之一。现有相关研究中，学者们多基于社会网络嵌入理论，从结构嵌入或关系嵌入单一视角，重点揭示了网络嵌入特征对风投机构投资绩效的影响，强调网络嵌入对网络成员个体提供的机会（或约束），但缺乏对个体属性作用机理的解释，即社会网络虽为个体提供了潜在的机会，但这些机会能否转化为绩效还取决于网络能力等个体属性变量。同时，个体网络能力的发挥可能因受到所在网络的约束，产生差异化的绩效结果。因此，针对中国联合投资网络中存在的现实问题和理论研究的不足，本书提出了风投机构网络能力、网络嵌入与投资绩效之间关系的理论框架。

具体而言，本书首先结合网络资源观、联合风险投资理论与动态能力理论，分析和界定了风投机构网络能力的内涵，将其划分为两个维度：网络资源感知先动能力和网络资源配置利用能力。其次结合风险投资运作过程及其知识资源的作用，从扩大项目选择集合、提高项目评估与监督质量、提高增值服务水平方面，分析了网络资源感知先动能力和网络资源配置利用能力对投资绩效的影响；并将联合投资网络的结构嵌入、关系嵌入及其交互纳入到一个分析框架，作为调节变量，分析了网络嵌入对风投机构网络能力与投资绩效关系的调节作用，提出了相应的研究假设。最后利用 CVSource 数据库相关数据，运用 Probit 模型和 Cox 比例风险模型，对研究假设进行经验检验。检验结果表明：①网络资源感知先动能力与网络资源配置利用能力均对投资绩效具有显著的正向影响；②网络密度负向调节着风投机构网络资源感知先动能力、网络资源配置利用能力与投资绩效的关系，网络位置负向调节着风投机构网络资源感知先动能力与投资绩效的关系；③关系强度正向调节着风投机构网络资源感知先动能力、网络资源配置利用能力与投资绩效的关系；④网络密度负向调节着关系强度对风投机构网络资源配置利用能力与投资绩效关系的正向调节效应；⑤网络位置负向调节着关系强度对网络资源感知先动能力与投资绩效关系的正向调节作用。研究所得结论基本上解决了本书所提出的现实问题与理论不足，实现了对现有理论的深入和拓展。对风险投资的管理实践具有一定的指导意义。

与现有研究相比，本书的创新性工作及创新点主要体现在以下几方面：

第一，运用数据库，构造相关指标，测度了风投机构网络能力。不同于以往研究多采用量表开发与问卷调查方法测度企业网络能力，本书借鉴风险投资领域多运用大型数据库测度变量的做法，利用 CVSource 数据库，构造了相关指标对风投机构网络能力进行测度。具体来说，使用风投机构伙伴的行业多样性与区域多样化度量风投机构网络资源感知先动能力；使用风投机构投资的行业多样化与区域多样化度量风投机构网络资源配置利用能力，丰富了网络能力测度的研究领域。

第二，揭示了风投机构网络能力影响投资绩效的作用机理，解释了联合投资网络中，因风投机构网络能力个体属性不同造成的绩效差异。本书基于网络资源观、联合风险投资理论与动态能力理论，界定了风投机构网络能力，结合风险投资运作过程及其知识资源的作用，揭示了风投机构网络能力对其投资绩效的影响机理。研究发现：①风投机构网络资源感知先动能力越强，投资绩效越好；②风投机构网络资源配置利用能力越强，投资绩效越好，弥补了网络能力的现有研究中缺乏针对风险投资领域的不足，拓展了企业网络能力的研究领域。

第三，将联合投资网络结构嵌入、关系嵌入及其交互纳入到一个分析框

架，并作为调节变量，解释了风投机构网络能力与投资绩效的关系因网络嵌入的不同而产生的差异。以往研究多从网络结构嵌入或网络关系嵌入单一视角，作为前因变量，以考察其对风投机构投资绩效的影响，未能考虑将其作为外部网络环境特征的调节作用，也未能充分考虑到两者之间存在的互动关系，可能产生的差异化绩效结果。本书将联合投资网络的结构嵌入、关系嵌入及其交互纳入到一个分析框架，并作为调节变量，分别从网络密度和网络位置两个方面分析了结构嵌入的影响机理，从关系强度方面分析了关系嵌入的影响机理，并对两者的交互作用进行分析，系统揭示了外部网络嵌入特征对风投机构网络能力与投资绩效关系的调节效应，有助于深入认识网络嵌入各维度及其之间的关系，有助于解释“嵌入性悖论”，拓展了网络嵌入的研究领域。

第四，将网络能力、网络嵌入置于一个研究框架下，廓清了个体属性与外部嵌入特征对投资绩效的作用机理。不同于以往研究忽视网络个体属性差异可能带来的绩效差异，本书将网络能力个体属性与网络嵌入外部特征置于一个研究框架下，系统分析了网络能力对投资绩效的主效应，以及网络嵌入的调节效应，丰富了社会网络的研究领域。

本书为国家自然科学基金（71172201）面上项目的重要组成部分，同时也是教育部人文社会科学研究青年基金西部和边疆地区项目（17XJC630010）的一部分，并受到国家自然科学基金面上项目（71772145）、陕西省自然科学基金项目（2018JM7004）、陕西省财政厅高等教育专项项目（2050205）和西安工业大学专著基金的资助。

目　录

1 导 论

随着1986年中国新技术创业投资公司（1997年破产）的成立，在随后近30年时间里，中国风险资本得以迅猛发展，成为推动战略性新兴产业发展的重要力量。风险投资实践操作中，联合投资的广泛运用使得网络化成为风险投资业的主要形态。除了网络嵌入特征外，联合投资网络中风投机构(以下简称“风投机构”）个体属性的不同，也会产生差异化的投资绩效。另外，风投机构个体属性造成的绩效差异，也会因外部网络嵌入特征的不同而发生变化。因此，深入分析联合投资网络中风投机构个体属性对其投资绩效的影响作用，及在不同的网络嵌入特征下这一作用关系的变化，对于认识风险投资内在规律、促进其健康发展具有重要意义。

本章首先阐述了本书的研究背景、研究主题与方法，继而对研究内容和框架进行了说明。

1.1 研究背景

1.1.1 现实背景

1.1.1.1 风险投资业发展迅速，已成为推动战略性新兴产业发展的重要力量

自 1946 年 ARD（American Research and Development）在美国创立以来，在其后数十年中，风险投资在全球范围内迅速发展起来。我国自 1986 年创立中国新技术创业投资公司以来，中国风险投资业快速发展。图 1.1 描述了 2006~2015 年我国风险投资的发展状况，从中可以看出，无论是风投机构数量，还是投资基金数额，在这 10 年间都得到了快速发展。

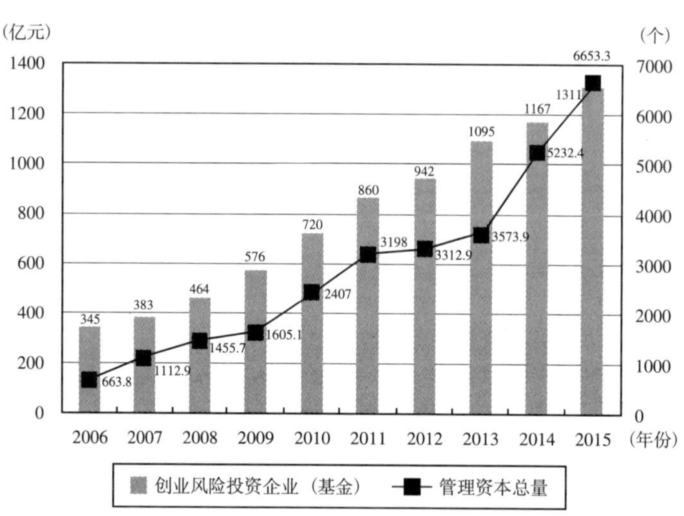

图 1.1 2006~2015 年中国风险投资发展状况

数据来源：2007~2016 年的《中国创业风险投资发展报告》。

创业投资活动已成为改革开放以来促进我国技术进步与经济繁荣的重要推动力，而风投机构，作为创业的支持者与培育者，在该过程中功不可没：一方面，百度等众多的风险企业在风投机构的培育下脱颖而出，为其他风险企业的成长与发展起到了良好的示范效应；另一方面，风投机构先进的管理理念显著促进了我国创业活动质量的提高。鉴于创业投资活动对技术进步与经济繁荣的重要作用，长期以来，我国政府采取了非常积极的培育政策，使得我国风险投资产业取得了重大发展。有关统计数据显示，2010 年我国投资规模呈现出爆发性增长，其中样本机构投资金额为 976.63 亿元，投资的项目数达 1225 个，均较 2009 年增长 3 倍。图 1.2 描述了我国风险投资机构自 2006 年以来的投资规模情况。从中可以看出，2006~2011 年我国风险投资规模中，2012 年由于受国内外环境影响，无论是投资金额（318.5 亿元）还是投资项目数（1502 个），我国风投机构的投资规模相比 2011 年的投资金额（545.38 亿元）和投资项目数（1894 个）均有所放缓，2013 年以后又呈现逐年增长的趋势。

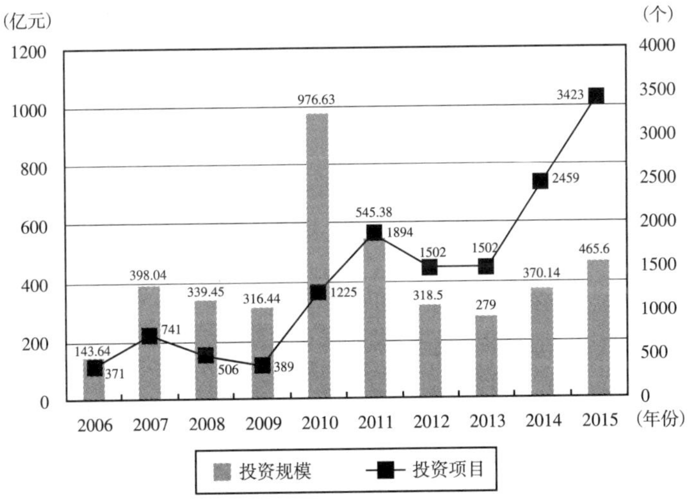

图 1.2　2006~2015 年中国风险投资规模状况

数据来源：2007~2016 年的《中国创业风险投资发展报告》。

随着投资规模的增大，风险投资的行业分布也在不断地进行调整，除了传统制造行业和消费服务行业，成长性高和技术含量高的行业备受关注，尤其是2010年10月国务院《关于加快培育和发展战略性新兴产业的决定》出台以后，战略性新兴产业更加受到风投机构的青睐。有关资料显示，2011~2013年，中国创业风险投资项目前十大行业中，新能源和环保业无论是投资金额还是投资项目，连续三年排名第一，占比都在18%左右，医药生物业，信息传输、软件和信息服务业等行业一直排名居前，2014~2015年虽有所回落，也在行业前三，如表1.1所示。

表1.1 中国创业风险投资项目的前十大行业分布（2011~2015年）

单位：%

行业			2015年		2014年		2013年		2012年		2011年	
			投资金额	投资项目	投资金额	投资项目	投资金额	投资项目	投资金额	投资项目	投资金额	投资项目
C7	计算机、通信和其他电子设备制造业	通信设备	21.9	10.9	21.3	14.7	9.8	11.8	9.7	10.4	8.1	10.8
		计算机硬件产业										
		半导体										
		光电子与光机电一体化										
I	信息传输、软件和信息服务业	网络产业	16.1	24.8	15.4	25.6	7.9	14.2	9.3	11.3	8.9	13.2
		IT服务业										
		软件产业										
		其他IT产业										
C9	新能源和环保业	新能源、高效节能技术	11.0	12.8	9.4	13.1	18.7	18.4	18.1	19.5	17.9	19.2
		新材料工业										
		环保工程										
		核应用技术										
C8	医药生物业	医药保健	7.6	7.6	11.2	9.4	12.5	14.5	7.7	11.0	7.7	7.7
		生物科技										

续表

行业		2015年		2014年		2013年		2012年		2011年	
		投资金额	投资项目	投资金额	投资项目	投资金额	投资项目	投资金额	投资项目	投资金额	投资项目
J6	金融保险业	5.7	5.2	2.9	3.6	10.1	6.5	5.4	4.2	2.4	2.0
CA	传统制造业	3.8	4.4	7.6	5.0	7.2	6.0	10.1	8.8	7.7	8.0
L	文化、体育和娱乐业（传播与文化娱乐业）	5.5	4.3	5.4	3.8	6.2	5.2	6.4	5.3	2.2	2.4
A	农林牧副渔	1.9	0.9	2.0	2.7	6.3	3.7	6.1	4.7	4.1	4.8
H	住宿和餐饮业（消费产品和服务业）	2.1	2.7	1.6	2.6	5.0	3.5	6.3	3.5	9.4	7.2
O	其他行业	10.4	10.9	8.5	8.1	2.7	3.7	7.6	7.3	11.2	8.4

数据来源：2015~2016年的《中国创业风险投资发展报告》。

1.1.1.2 联合投资网络化成为风险投资业的主要形态

来自美国商业数据库Venture Xpert的数据显示，1980~2005年美国风投机构的所有投资活动中，采用联合投资的比例高达63.01%（Deli & Santhanakrishnan，2010）。来自欧洲风险投资协会（European Venture Capital Association，EVCA）的数据显示，欧洲风投机构2001年的所有投资活动中，采用联合投资的比例为30%（Manigart et al.，2006）。在中国风险资本市场中，联合投资也已成为一种普遍现象，2000~2009年，在总投资轮次中，联合投资轮次所占比例最低为2009年的29.67%，最高为2008年的39.85%，各年联合投资轮次占总投资轮次的比例虽然有所波动，但大部分年份中联合投资轮次在总投资轮次中所占比例都在30%~40%，说明联合投资也是中国风险资本市场的一个常见现象（党兴华等，2011）。

联合投资长期广泛的运用，形成了以联合为基础的联合投资网络。图1.3根据2002~2015年发生在中国境内的融资事件的联合数据，以5年为时间窗，分别绘制了风险投资发展各阶段联合投资网络图。由图1.3可知，随着风险投资的发展，风投机构由于参与联合投资已经形成了较为成熟的联合投资网络，风险投资业呈现出了显著的网络化特点。联合投资网络化发展表明风投机构开始转向外部寻求成长助力，逐渐重视企业外部关系网络带来的网络资源和市场机遇，并将网络视为推动自身成长的一种动力机制。

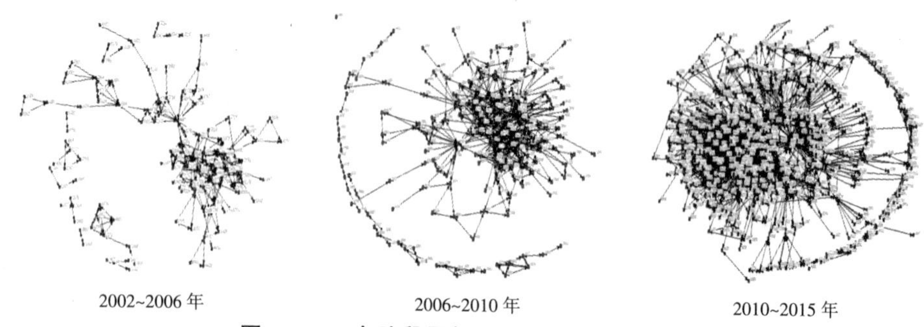

图 1.3　三个阶段风投机构联合投资网络图

1.1.1.3　风险投资机构具有不同的网络嵌入特征

风投机构之间随着联合投资次数和伙伴的变化，机构之间的各种直接联系和间接联系形成了范围广泛的关系网络，使得风投机构嵌入到与其他机构相互关联的网络体系中，并呈现不同的网络嵌入特征。例如，在 CVSource 数据库中任取 5 年时间窗 2009~2013 年和三年时间窗 2008~2010 年参与联合投资的风投机构数据，它们之间每参与一次联合投资就会有一次联结，运用 Ucinet 6 for Windows 软件得到这些联合投资间的关系网络图，如图 1.4 与 1.5 所示。其中，图 1.4 描绘了 2009~2013 年 1056 家风投机构共 5024 个联结的关系矩阵网络，图 1.5 描绘了 2008~2010 年 642 家风投机构共 2810 个联结的关系矩阵网络。可以看到，风投机构嵌入到与其他机构相互交往并交换资源的网络体系中，由于不同的风投机构参与联合投资的次数不同、每次联合投资伙伴不同，各个风投机构在网络中的关系数量和位置也不同，在网络中呈现出不同的结构和关系嵌入特征，比如从位置结构可以直观地看出较为中心和边缘的机构，从关系嵌入可以由箭头上的数字直观看出风投机构间的联结强度。

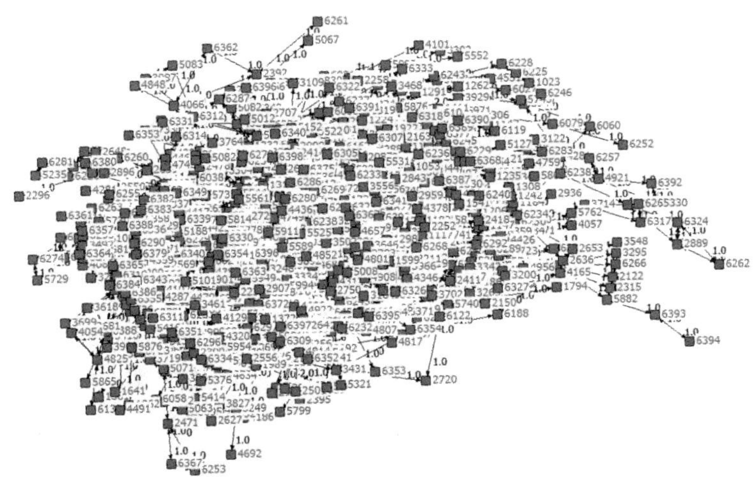

图 1.4　2009~2013 年中国风投机构联合投资状况

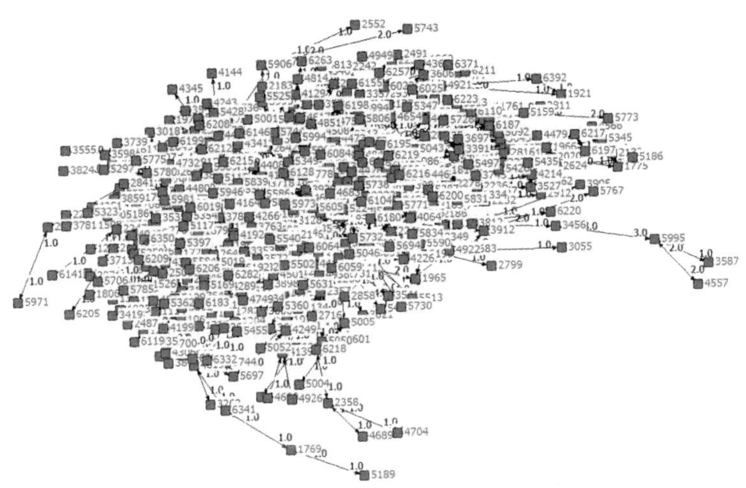

图 1.5　2008~2010 年中国风投机构联合投资状况[①]

① 图 1.4 与图 1.5 中四位数字是为方便数据处理而为风投机构进行的编码。

1.1.2 理论背景

1.1.2.1 社会网络理论为联合投资网络效应的研究提供了分析框架

自 20 世纪 60 年代以来，随着社会网络理论与方法在经济学和管理学领域的广泛运用与长足发展，如何运用联合投资网络优势提升风投机构的投资绩效成为风险投资行业理论家关注的热点问题之一。社会网络研究范式重点关注网络中行动者之间的关系以及行动者所嵌入的网络，他们认为行动者所嵌入的网络结构、自身在网络中的地位（或位置）以及行动者之间的关系决定着行动者自身的行为，而不是自身的个体属性决定自身的行为，这也是它与传统研究范式的重要区别（Granovetter，1985，1992；Brass，Galaskiewicz，Greve & Tsai，2004），遵循这个范式，形成了两个理论研究视角。

（1）以社会网络结构特点为分析基础的结构嵌入视角，强调个体网络的结构特征，关注个体的网络位置以及网络密度不同带来的绩效差异（Burt，2009）。网络位置主要从中心性和结构洞两方面衡量（Hochberg et al.，2007；党兴华等，2011，2012；董建卫等，2012；杨敏利等，2014）。因此，中心性、结构洞与网络密度成为该理论视角下量化分析网络结构的关键。中心性主要用来考察个体充当网络中心枢纽的程度（Granovetter，1973），中心性越高表明成员越接近网络的核心位置，掌控的信息资源越多，其他网络成员对该成员的依赖性越大；而中心性越低则反之。联合投资网络中中心性高的风投机构不仅更有可能成功 IPO 退出，而且可以更快地成功退出（Hochberg et al.，2007；Nahata，2008）。结构洞关注与自我联系的成员之间的关系模式，反映了信息的非冗余与异质性程度。网络成员依据结构洞优势可以增加视角和观点的多样性，获得累加而非重叠的网络收益（Burt，2009）。另外，信息异质性优势利于剔除冗余的合作伙伴，把有限的管理精力投入到维系信息互补性较强的联系上（Soda et al.，2004），以更好地培育新的社会资本。这意味着占据结构洞的风投机构可以提高信息搜索效率，获取更多有效的信息，通过独特新颖的信息组合，将投资对象放在更宽广的视野以及更动态变化的格局下，较全面地审视投资对象的机遇与风险，从而为企业提供更符合市场需要的发展建议。占据结构洞位置虽有助于风投机构缩短退出期限，但并不能提高 IPO 退出率和成功退出率（党兴华等，2011，2012；董建卫等，2012）。网络密度反映成员与其他成员相互联结紧密的程度，衡量网络中社会资本存量的大小，密度越高说明网络中形成的信任和协作关系的社会资本存量越大（Coleman，1988）。风投机构可依托与其他机构的紧密联系，促进联合投资伙伴行为的一致性，产生共同的行为预期，从而利于合作规范的形成，确保伙伴间分工、协作的顺利开展，加速风险企业价值等信息在联合投资伙伴间的共享，提高决策和行动的效率，利于发现最佳的退出时机。但是，当各成员的个体网络密度过大时，联合投资网络会遇到信息来源过于同质化而形成信息冗余的问题，从而降低成功退出的能力。

（2）以社会资本理论为基础的关系嵌入视角，强调网络内容变量，主要分析二元关系的强弱程度和网络形态，关注成员间信任、互惠与交互的方式不同导致的绩效差异。根据社会网络理论，关系嵌入存在两种不同形态：

1）弱关系网络。这种网络形态的主要特征是开放性，它有利于网络成员间进行信息传递，网络成员间包容性与独立性相对较强，网络成员间联系相对较为松散（Burt，2009）。在这种网络形态下，借助于弱关系的桥接关系，风投机构可以通过信息传递，获得更多的有价值的异质信息（Burt，2009）。而且，风投机构独立性较强，能够更为有效地引入新伙伴，以吸收新知识从而提高其对风险项目的筛选、评估、监督和增值服务能力。但在这种网络形态中，风投机构间更易出现机会主义行为，不利于机构之间的信息和资源的共享。

2）强关系网络。这种网络形态的主要特点是封闭性，它有利于网络成员间形成指示性规范，网络成员之间存在着较高的义务感、信任与期望，网络成员间联系相对较为紧密（Coleman，1994）。在这种网络形态中，依赖网络中成员强烈的交流意愿，与成员间良好的信任关系，有助于风投机构获得更多机构的信息与资源（Coleman，1994），同时经过长时间的合作，风投机构间更容易形成信任机制与互惠机制（姜翰等，2008），出于互惠考虑，风投机构还能获得更多其他机构后期投资的邀请，获得更多的风险项目，提升对风险项目的评估、监督和增值服务能力。而且，网络中的风投机构在投资中面临网络外部的残酷竞争时，为了维护联合投资网络的整体利益，风投机构间往往会形成联合行动，以提高对创业项目的讨价还价能力而获得更多的投资机会（Hochberg et al.，2010）。但这种网络形态具有很强的排他性，联合投资网络外的风投机构想进入网络中会受到诸多限制，如果网络中某个风投机构不遵守约定的规则，而与网络外的机构合作，将面临网络中其他所有机构严厉的惩罚（Hochberg et al.，2010）。但不容忽视的是，网络中成员间存在的这种义务感与期望，带来的这种规范性压力使得风投机构对网络外部信息与资源进行探索的效率显著下降（姜翰等，2008），而且这种探索效率的降低造成了大量类似的信息在网络中小范围内反复传播，形成大量冗余，最终削弱了风投机构对新颖信息及创新机会的觉察（Burt，2009）。

综上可知，社会网络研究范式的一个主要特点在于注重个体所处的网络结构嵌入与关系嵌入属性，相关研究主要集中于从网络关系或网络结构视角，分析网络中个体行为及结果的影响因素上。这种研究范式将网络结构作为外生变量，强调网络结构为网络中个体成员带来的机会（或约束限制），但这些机会能否转化为个体绩效还有赖于个体属性差异，但现有社会网络分析方法缺乏对个体属性内在驱动力的解释。

1.1.2.2 网络资源观成为分析风投机构竞争优势的主要理论基础

自20世纪90年代以来，基于资源基础观（RBV）视角探求企业竞争优势的来源，成为企业战略管理研究领域的热点问题之一。资源基础观（RBV）认为，能为企业带来竞争优势的资源都应该限制在企业的边界内，企业的持续竞争优势来源于企业自身拥有的资源总量及资源使用效率（Barney，1991，2001）。但是，随着经济全球化的不断发展与市场竞争的日益加剧，单纯依托自身的资源及能力已经无法满足企业生存发展的需要。另外，随着信息技术的迅速发展，网络已经成为企业生存发展环境中不可忽视的要素。这时许多学者开始致力于从企业所拥有的外部网络关系中寻求竞争优势来源，企业网络理论成为这些研究的主要理论基础。结合资源观的分析范式，社会网络理论提出了网络资源的概念（Gulati，1999），解释了处于企业网络中企业持续竞争优势的由来。已有研究证实企业的竞争优势不再仅仅由内部资源所决定，公司的资源还应包括通过公司间联盟获得的资源（Afuah，2000；MeEvily & Zaheer，2015；Rothaermel，2001；Saxton，1997；Singh & Mitehell，1996）。Gulati（2007）将诸如此类超越公司边界的资源称为网络资源，该网络资源“包括公司伙伴拥有的资源和经由焦点公司与其的联结可以获得的资源”。

综合上述分析不难发现：企业要想获得持续的竞争优势，不仅要提高自身内部的战略资源数量、质量及资源使用效率，还要加强与外部的合作，不断提升从企业网络中获取网络资源的能力。而且，嵌入在企业网络中的网络资源已成为这种竞争优势的基础。因此，企业为提升竞争必须嵌入到企业社会网络中。

但需注意的是，网络资源只是影响企业竞争优势的静态因素，其本身并不能自发地提高企业绩效水平，企业只有动态地管理好企业所处的网络，才能充分利用所接触的网络资源，并提高自身绩效。网络能力作为影响企业竞争优势的动态因素，能有效地整合利用企业在网络中所获取的各类网络资源，有助于激发它们额外的价值。因此，企业为提升自身竞争优势，还必须具备这种网络能力。

1.1.2.3 网络能力理论研究为联合投资网络效应的发挥提供了微观基础

网络能力研究认为，企业应该具备管理自身所处网络的能力，通过积极主动地与企业网络中的其他各类组织搭建各种网络连接关系，获取企业自身发展所需要的各类资源。

目前，随着企业竞争环境的日益网络化，关于企业如何有效地对网络进行管理，主动管理网络资源，有效应对多变的市场环境，并获取竞争优势成为关键（Moller & Hallnen，1999）。现有研究主要基于外部网络关系和网络结构两个视角考察网络能力。首先，基于外部网络关系视角的学者，认为网络能力是一种处理网络关系的能力，将其界定为企业改善其在网络中的位置和处理企业间关系的能力（陈学光，2007；Håkansson，1987）。持这种观点的学者们认为，日益激烈的外部竞争环境，使得企业必须不断加强与企业网络中的其他组织之间的关系，为此，需要企业具有处理外部网络关系的能力，即网络能力（Gulati，1999）。另外，还指出企业这种网络能力是企业获取竞争优势的重要源泉，应被企业视为核心能力来培养（Gemunden & Ritter，2003）。其次，基于网络结构视角，将网络能力界定为企业根据自身在网络中所处的不同情景，利用网络结构关系处理这种情景的能力。一般来说，企业在网络中所处的情景可分为主导地位、平等地位或从属地位（Ritter，2004）。持这种观点的学者们认为，网络能力属于动态能力的范畴，它是指为了获取稀缺资源和引导网络变化，企业依据自身内部知识资源情况，从网络中识别出能与自身知识资源进行互补匹配的资源，以及其他补充资源的匹配情况，以此改善网络结构，开发、维持与利用各层次网络关系的一种动态能力（邢小强、仝允桓，2007）。

网络能力对企业绩效的影响也是学者们关注的另一关键问题。现有研究主要从直接效应和间接效应两个方面分析网络能力对企业绩效的影响。在直接效应的影响方面，已有研究发现，具备网络能力的企业通过有选择地与合伙伙伴建立紧密合作关系以及建立有效的网络结构并发展长期合作导向关系，可以获得关系租（Schiefer et al.，2009），影响企业利润和竞争优势（Walter et al.，2006），并最终提高企业的运作绩效、创新绩效及整体财务绩效等（Ting et al.，2008）。在间接效应的影响方面，已有研究表明，网络能力通过资源获取（Rothaermel，2001；朱秀梅，2010；李纲，2017）、组织学习（常路，2014）、企业网络位置和联系强度（任胜钢，2010，2014；张宝建，2015）、网络结构（张宝建，2015）等中介变量，通过促进合作、降低成本（Schiefer et al.，2009）、提升创新能力（Capaldo，2007；任胜钢，2010）等中介效应提升企业绩效，亦可因网络规模（李纲，2017）、环境动态性

(李德强，2017）等调节变量的作用，产生不同的绩效效应。

网络能力概念的提出，表明学者已经将社会网络研究的关注点从网络宏观层面扩展到企业微观层面，已经开始研究企业如何有效利用企业网络来获取自身发展所需的各类资源，以此提升竞争优势，进而提高企业绩效。网络能力概念的提出为企业网络作用的有效发挥提供了微观基础（周江华等，2013）。

尽管网络能力的相关研究已经引起国内外学者的关注，但这些成果多以技术创新网络和联盟网络中的相关企业组织为对象，鲜见以联合投资网络为研究对象，分析风投机构网络能力及其影响。另外，已有研究多关注于网络能力与企业绩效之间在概念上或者统计上的对应关系，对二者之间具体的影响机理及其在外部网络嵌入情景下的影响差异的考虑有所欠缺，对这个问题的研究也正是风投机构有效管理联合投资网络中的资源急需解决的重要问题之一。

通过以上对相关理论的梳理和总结，本书发现现有相关研究还存在以下几方面的问题需要进一步深入研究：

第一，需要考虑个体属性特征对风投机构投资绩效的影响。联合投资网络从网络结构嵌入或关系嵌入单一视角分析了外部网络嵌入特征对风投机构投资绩效的影响，但缺乏对诸如网络能力等个体属性内在驱动力的解释。企业网络为网络中成员个体所提供的潜在机会，能否转化为绩效以及转化程度还有赖于网络能力等个体属性变量。因网络能力个体属性的差异，导致了风投机构投资绩效的差异化结果。究其原因在于缺乏风投机构网络能力影响机理的理论支撑体系。

第二，需要结合联合投资网络特征，对风投机构网络能力进行科学的概念界定，并揭示其对风投机构投资绩效的作用机理。现有研究中关于网络能力的概念及其对企业绩效影响的研究，虽已取得大量成果，但尚未取得一致的结论。联合投资网络为风投机构利用自身内部资源与外部资源获取竞争优势提供了机会，但网络资源只是影响企业竞争优势的静态因素，其本身并不能自发地提高企业绩效水平，企业只有动态地管理好企业所处的网络，才能充分利用所接触的网络资源并提高自身绩效。网络能力作为影响企业竞争优势的动态因素，能有效地整合利用企业在网络中所获取的各类网络资源，有助于激发它们额外的价值。那么风投机构网络能力的概念是什么？它对风投机构投资绩效的作用机理是什么？现有研究还鲜有见到，需要从理论上与实践中加以分析和检验。

第三，需要整合结构嵌入与关系嵌入，并揭示不同的外部网络嵌入特征下，网络能力影响投资绩效差异的机理。由于网络资源嵌入在网络结构中，处于联合投资网络的风投机构，其个体行为和信息的获取必然受到所在网络的约束，即网络结构嵌入、关系嵌入及其交互特征的差异，网络能力对投资绩效的影响程度和作用机理也应不同。将个体属性（网络能力）、网络嵌入特征（网络结构、网络关系及其交互）纳入一个整体范围进行综合分析，从而深入研究联合投资网络的绩效效应是急需解决的重要问题。

1.2 研究主题与方法

1.2.1 研究主题

结合理论研究与实践发展的需要，本书以中国的风险资本市场为研究对象，研究中国本土风投机构的网络能力及其在外部网络嵌入特征的影响下，对投资绩效产生的影响。具体而言，本书研究处于联合投资网络中的中国本土风投机构的网络能力对其投资绩效的影响，及在不同的网络结构嵌入、关系嵌入及其交互特征下，这一作用关系变化。本书的研究主题可以概括为三个问题：第一，风投机构网络能力的概念及构成是什么？第二，风投机构网络能力对投资绩效的作用机理是什么？第三，在不同的网络结构嵌入、关系

嵌入及其交互特征下，这一作用关系是否发生变化？为回答这三个问题，本书将从四个方面展开研究：

首先，结合研究对象对风投机构网络能力的概念及其构成进行科学界定与划分。为全面深入研究风投机构网络能力对投资绩效的影响，科学界定风投机构网络能力的概念及构成维度是一项重要的基础性工作。作为网络组织的一种形式，联合投资网络具有许多一般网络组织的特点。但是，由于风险投资的特殊性，联合投资网络又具有自身的特点。为此，本书首先以社会网络的相关理论为基础，并密切结合联合投资的相关理论与风险投资过程的特点，对风投机构网络能力的概念及构成维度进行科学界定。

其次，研究风投机构网络能力对其投资绩效的影响。在对风投机构网络能力概念进行界定的基础上，从网络资源感知先动能力和网络资源配置利用能力两个角度分析风投机构的网络能力对投资绩效的影响。从风险投资实践看，风投机构提高投资绩效的四个最主要的途径分别是扩大项目选择集合、提高项目评估效率、提高项目监督质量、提升增值服务水平。鉴于此，本书结合风险投资运作过程及其知识资源的作用，从扩大项目选择集合、提高项目评估与监督质量、提高增值服务水平方面，从网络资源感知先动能力和网络资源配置利用能力两个视角分析风投机构的网络能力对投资绩效的影响。

再次，将网络结构嵌入与关系嵌入纳入一个整体框架，并作为调节变量，分析网络嵌入对风投机构网络能力与其投资绩效关系的调节作用。即分别从结构嵌入、关系嵌入及其交互三个方面，分析外部网络嵌入特征对风投机构网络能力与投资绩效关系的调节作用。具体说来，本书用网络密度和网络位置刻画联合投资网络结构的嵌入特征，分别分析了结构嵌入对网络资源感知先动能力与投资绩效、网络资源配置利用能力与投资绩效的调节作用；用关系强度刻画联合投资网络的关系嵌入特征，分析了关系嵌入对网络资源感知先动能力与投资绩效、网络资源配置利用能力与投资绩效的调节作用，进而分别分析了网络密度与关系强度的交互对网络资源感知先动能力与投资绩效关系、网络密度与关系强度的交互对网络资源配置利用能力与投资绩效关系、网络位置与关系强度的交互对网络资源感知先动能力与投资绩效关系、网络位置与关系强度的交互对网络资源配置利用能力与投资绩效关系等的二阶调节作用。

最后，使用中国风险资本市场的经验数据来检验风投机构的网络能力对投资绩效的影响机理，结构嵌入、关系嵌入及其交互在二者关系中的调节作用。具体而言，本书使用伙伴多样性度量风投机构网络资源感知先动能力，使用风投机构自身投资的行业多样化与区域多样化度量风投机构网络资源配置利用能力，使用联合伙伴的数量（不包括自我）度量风投机构网络密度，使用特征向量中心性指标度量风投机构的网络位置，使用风投机构与其合作伙伴的累计投资轮次数对应的最大值度量风投机构的关系强度。对于风投机构的投资绩效，从退出方式和退出期限两个方面衡量。其后使用中国风险资本市场的相关经验数据和相应的经验检验模型检验风投机构网络能力对投资绩效的影响作用，与结构嵌入、关系嵌入及其交互的调节作用，并对经验结果的理论含义和其他可能的解释进行讨论。

1.2.2 研究方法

（1）文献研究法。本书通过文献研究法梳理与联合投资网络嵌入对投资绩效的影响、网络资源与竞争优势的关系、网络能力的概念及影响等方面相关的研究成果，指出现有研究的不足，并依据网络资源、网络能力、社会网络、联合投资网络、联盟管理等理论，参考和借鉴已有相关研究成果以及经验检验方法提出研究假设、设计研究方案。

（2）社会网络分析法。社会网络分析法分整体网络分析和自我中心网络分析（罗家德，2010）两种方法。它们在数据采集和应用范围方面存在很大差异。从数据收集的角度看，前者需要收集整个网络中每一节点和每一联结的数据，后者则需要收集特定节点的所有联结的数据；从应用范围的角度来看，前者应用于网络层面的网络结构（比如网络位置）问题，后者应用于二元层面的网络联结（比如网络密度、联结强度）问题。本书的研究主题为风投机构的网络能力对投资绩效的影响，及其网络嵌入（结构嵌入、关系嵌入及其交互）特征的调节作用，根据研究需要，文中两种方法均有使用。

（3）数据库收集数据法。社会网络整体分析法需收集整个网络中每一节点和每一联结的数据，这在很多情况下都是极其困难的，但对应于联合投资网络，这一问题却很容易解决，因为风投机构间的网络联结关系（联合投资）是公开数据，是能够观测到的。无论是国外还是国内，都有大型数据服务商提供风险投资方面的数据服务，比如美国有著名的 VentureOne 和 Venture Economics，在中国则有清科数据库和 CVSource。通过这些数据库，不仅可以明确风投机构间的网络联结关系，还可以收集到研究所需的其他类型的大样本数据。因此，对于数据收集的方法，本书采用国内外相关研究的通用做法——数据库收集。

（4）统计分析法。本书采用 Probit 模型、多元回归模型等统计方法处理数据，以检验风投机构网络能力对投资绩效的影响，网络结构嵌入、关系嵌入及其交互对风投机构网络能力与投资绩效关系的调节效应。

1.3 研究内容与框架

针对研究主题的需要，本书按如下框架组织全书。本书总共分为 7 章：

第 1 章：导论，是本书的总揽性章节，阐述本书选题的实践背景和理论背景，在分析已有研究不足的基础上引出本书的研究主题，并简要介绍本书研究的主要内容和主要方法。

第 2 章：文献综述，是本书的基础性章节，梳理和总结本书研究所需的相关文献，具体从网络资源及其影响、网络能力与企业绩效的相关研究、联合投资网络嵌入与投资绩效的相关研究三个方面展开，为本书其后的理论分析与实证研究设计奠定基础。

第 3 章：概念模型与理论分析，是本书的核心章节，提出本书的概念模型，界定本书中所涉及的几个主要概念并提出研究假设。具体来说，首先，从联合投资网络与网络资源、网络资源与联合投资网络嵌入特征、网络资源的获取和利用与网络能力、网络能力与网络结构嵌入和关系嵌入的交互作用四个方面进行分析，构建本书的概念模型；其次，对联合投资网络、网络资源、网络嵌入、网络能力等本书所涉及的主要概念进行界定；再次，结合风险投资运作过程及其知识资源的作用，从扩大项目选择集合、提高项目评估与监督质量、提高增值服务水平方面，从网络资源感知先动能力和网络资源配置利用能力两个方面，分析风投机构网络能力对投资绩效的影响；最后，从结构嵌入、关系嵌入及其交互分别分析它们对风投机构网络能力与投资绩效关系的调节作用，并提出相应的有待检验的研究假设。

第 4 章：研究设计，是本书的衔接章节，论述下一章经验检验中所使用的样本数据的来源，被解释变量、解释变量和调节变量的测度，控制变量的选取和测度，样本的描述性统计特征，以及经验检验所使用的统计分析方法、模型及其选择的依据，为下一步的经验检验奠定基础。

第 5 章：经验检验与结果讨论，是本书的重要章节，使用第 4 章所提供的样本、变量和模型对研究假设进行统计检验，即检验风投机构的网络能力对投资绩效的影响，结构嵌入、关系嵌入及其交互对风投机构网络能力与投资绩效关系的调节作用，具体检验分别从网络资源感知先动能力对投资绩效、网络资源配置利用能力对投资绩效、网络密度对网络资源感知先动能力与投资绩效的调节、网络密度对网络资源配置利用能力与投资绩效的调节、网络位置对网络资源感知先动能力与投资绩效的调节、网络位置对网络资源配置利用能力与投资绩效的调节、关系强度对网络资源感知先动能力与投资绩效的调节、关系强度对网络资源配置利用能力与投资绩效的调节、网络密度与关系强度的交互对网络资源感知先动能力与投资绩效的调节、网络密度与关系强度的交互对网络资源配置利用能力与投资绩效的调节、网络位置与关系强度的交互对网络资源感知先动能力与投资绩效的调节、网络位置与关系强度的交互对网络资源配置利用能力与投资绩效的调节这些方面展开。在此基础上，对检验结果进行讨论。

第 6 章：研究结论与创新点，概括本书的主要研究结论、研究意义与创新点。

第 7 章：研究不足及展望。探讨本书的研究不足以及未来可拓展的研究方向。

本书的框架结构如图 1.6 所示。

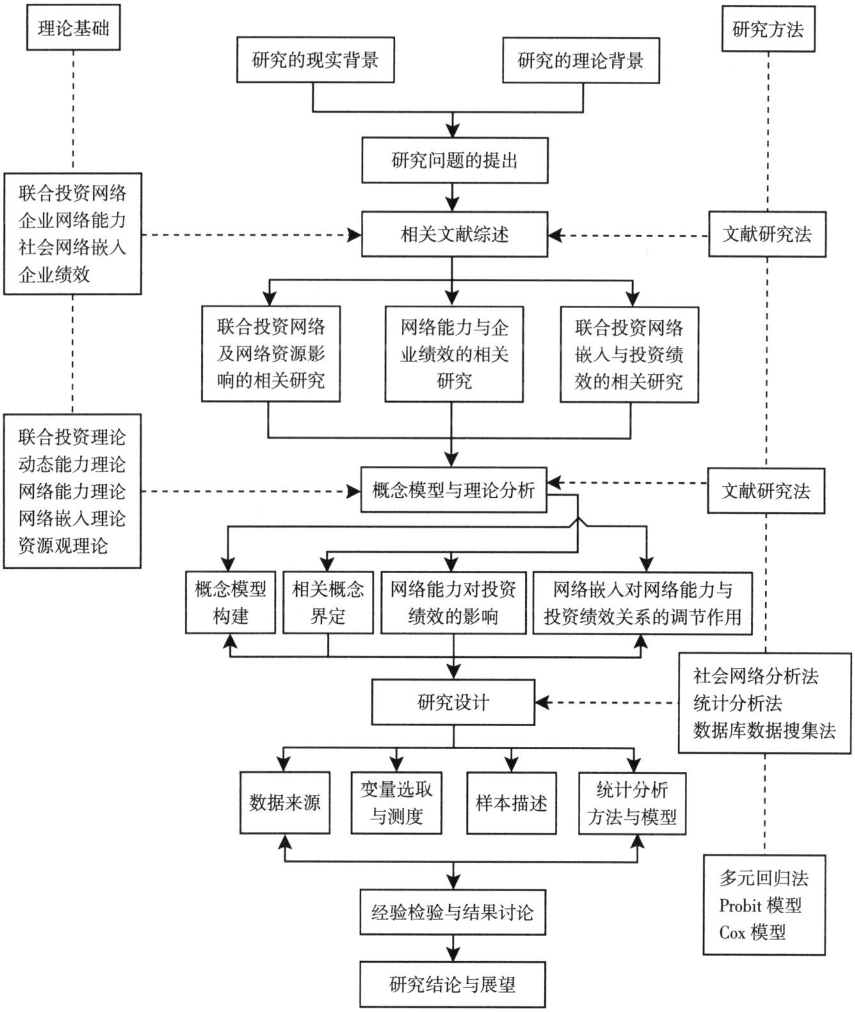

理论基础
研究方法
研究的现实背景
研究的理论背景
研究问题的提出
联合投资网络
企业网络能力
社会网络嵌入
企业绩效
相关文献综述
文献研究法
联合投资网络及网络资源影响的相关研究
网络能力与企业绩效的相关研究
联合投资网络嵌入与投资绩效的相关研究
联合投资理论
动态能力理论
网络能力理论
网络嵌入理论
资源观理论
概念模型与理论分析
文献研究法
概念模型构建
相关概念界定
网络能力对投资绩效的影响
网络嵌入对网络能力与投资绩效关系的调节作用
研究设计
社会网络分析法
统计分析法
数据库数据搜集法
数据来源
变量选取与测度
样本描述
统计分析方法与模型
多元回归法
Probit 模型
Cox 模型
经验检验与结果讨论
研究结论与展望

图 1.6　本书内容与结构框架

1.4 小　结

本章首先从现实背景和理论背景两个方面论述了本书的选题背景，并通过对现有研究不足的探讨，引出本书的主题，并简要介绍了本书的主要研究方法，最后介绍了本书的主要研究内容与框架结构。

2 文献综述

本章论述与本书直接相关的文献。具体分为三个部分。第一部分主要从联合投资网络入手，论述联合投资网络及网络资源的影响；第二部分从网络能力内涵及构成，网络能力对企业绩效的影响两个方面，论述网络能力与企业绩效的关系；第三部分从社会嵌入理论视角入手，分别从网络结构嵌入、网络关系嵌入及其交互三个方面，论述联合投资网络嵌入与投资绩效的关系。本章的主要作用在于通过文献梳理指出现有研究不足，提出研究问题，并为后面的理论分析和经验检验做准备工作。

2.1 联合投资网络及网络资源影响的相关研究

2.1.1 联合投资网络与网络资源

近年来，大量研究表明，不仅企业内部资源可以为企业带来竞争优势，企业的联盟伙伴或合作伙伴借助企业网络同样也能为企业的竞争优势做出重要贡献（McEvily & Zaheer，2015；Rothaermel，2001；Saxton，1997；Singh & Mitchell，1996）。比如，Conner（1991）通过研究发现，企业的竞争优势是企业自身的资源、竞争对手的资源和外部政策环境共同作用的结果。Dyer 和 Singh（1998）从企业间的关系视角，指出企业间的竞争优势来源于关系租金，关系租金是指企业伙伴关系中产生的超额收益，是“由企业伙伴共同的特殊贡献所创造的”，这项研究表明联盟伙伴资源对企业的绩效产生了显著的影响，对企业的竞争优势有影响的资源可以超越企业的边界，并嵌入在组织间的规范和过程中。为了更好地解释处于企业网络中的企业如何通过网络获取它们自身不完全拥有或控制的资源价值，学术界认为需要将社会网络理论与资源观理论结合起来进行分析。因此，Gulati（1999）首次提出了网络资源的概念，指出“存在于企业间的网络之中”的网络资源，成为“企业的有价值的信息源泉”，将决定“企业的战略行为”，并将诸如此类超越公司边界的资源称为网络资源，该网络资源“包括公司伙伴拥有的资源和经由焦点公司与其的联结可以获得的资源”（Gulati，2007）。

在风险资本市场，风投机构需要借助联合投资网络获取伙伴的网络资源，是风险投资的本质要求内在决定的。具体表现为两个方面：

第一，分散组合投资是降低投资风险的一个重要途径，但在风险资本市场，这一途径受到了很大的限制。一方面，相对于公开资本市场投资而言，风险投资过程中的高信息不对称性和低资产流动性导致单个风投机构通过大规模组合投资来分散风险基本上不可能实现；另一方面，由于风险投资的投资金额一般都很大，要想实现分散组合投资，必须有大量的投资基金作为保证。但在风险投资实践中，大多风投机构都不具有进行大规模分散组合投资所要求的财务基础。

第二，风险投资区别于其他类型金融投资的一个显著特征是，风投机构需要为风险项目提供各种各样的增值服务。比如，帮助风险企业确立人力资源政策（Hellmann & Puri，2002），重新雇用主要管理人员（Hellmann & Puri，2002；Gorman & Sahlman，1989），选择战略合作伙伴（Lindsey，2008），确立产品的市场营销战略，拓宽产品的用户范围，联系投资银行、会计师事务所、律师事务所等中介机构提供中介服务，等等。上述增值服务需要风投机构为风险项目注入各种类型的资源。然而，单个风投机构不仅资源有限，而且所拥有的资源未必恰好与风险项目的需要所匹配。正是基于这两个原因，风投机构需要通过联合投资的合作关系获取伙伴的网络资源以实现资源互补匹配。Jääskeläinen（2009）指出，风投机构通过利用自身的资源——伙伴、基金和项目流，以及网络资源——他们伙伴的相应资源，能够投资到更多的，质量好的，分布在不同的行业、区域和发展阶段的风险企业，从而提高项目投资的绩效。风投机构可利用的网络资源可分为两类：通过联合获取的其他风险投资家的资源，比如联合伙伴的技能和项目流；以及通过联合关系产生的象征性联系的（有可能获取的）资源，比如风险投资家的地位。

2.1.2 网络资源影响的研究

网络资源对企业的战略决策行为和竞争优势具有重要影响。例如，Gulati（1999）指出，网络资源存在于企业间的网络中，企业所在的网络使其获得了关键的资源，如信息、渠道、资本、服务以及其他可以保持或提升竞争优势的资源，网络资源的广度和深度会影响企业是否能够进入新的联盟。Chung 等（2000）发现，伙伴间互补性的资源是驱动企业联盟形成的重要因素。liu（2004）认为，企业间资源的互补性有助于提高合作伙伴间的关系水平，能够对这些企业间建立联盟产生积极影响，有助于提升企业的竞争优势。Wassmer 和 Dussauge（2011）使用案例研究方法和来自全球航空交通行业的数据，检验了通过联盟形成获得的新网络资源如何与公司网络组合中现有的网络资源交互，进而影响新联盟形成的价值。Lavie（2006）分析了公司关系和伙伴特定因素如何决定网络资源影响联盟网络中的租金贡献，指出网络资源已成为竞争优势表征的经济租金的一个重要来源，处于企业网络中的企业通过资源获取的竞争优势取决于由企业自身拥有或控制的资源产生内部租金、由伙伴间共享的资源产生的关系租金、因对伙伴资源的利用产生的溢入租金和由伙伴利用企业自身资源而带走的溢出租金四种经济租金。Lee（2007）利用 1989~2001 年电信和计算机网络行业中的 517 家公司所形成的战略联盟数据，检验了网络资源在公司进入新生产品市场的重要性，结果表明能够获取高质量、大量和组成部分异质性的信息的公司更可能更快地进入新形成的市场。但网络结构的锁定和网络成本可能抵消来自于网络资源的收益。Gu 等（2014）认为，联合投资是一种典型的联盟形式，以中国风投机构为样本，把声誉看作组织的一种隐性资源，分析声誉对联盟机会的影响，得出声誉正向影响了联盟形成的机会。Verwaal 等（2010）基于资源观和交易成本理论，利用欧洲 6 个国家数据，解释了不同规模企业面对不同资源获取需求和资源获取能力时对联合投资治理的影响。Dimov 等（2010）研究发现，在联盟形成的情境中，高社会地位的组织享有很多特权，这些特权能够减少自中心不确定性从而增加联盟的机会。

网络资源对企业绩效具有重要影响。比如，Ndofor 等（2011）基于资源观和动态竞争的理论研究了组织间资源、行为与企业绩效之间的关系，研究发现资源影响了企业竞争行为，而这些行为又会影响企业的资源，进而导致高绩效的产生。Sirmon 等（2011）基于资源管理和资产整合理论，从三个方面拓展了资源观理论，研究发现资源在横跨组织范围的宽度、资源在公司成长的不同阶段的整合以及资源在公司不同层面的整合都会提升竞争优势，进而影响组织绩效。Cai 等（2014）基于资源观和组织学习的理论，利用中国新企业数据，揭开了外部资源获取到绩效的黑箱，研究发现资源获取、资源吸引和资源内部发展都与新企业绩效正相关，学习能力调节了这些关系。Clercq 和 Dimov（2007）使用来自美国的 200 家风投机构的投资、联合和绩效的纵向数据，检验了通过跨组织关系的外部知识获取对风投机构投资绩效的影响，结果表明与更多或熟悉的外部伙伴的联合投资能够增强绩效，说明当自身投资技能不足时，获取外部资源就非常有效。Jääskeläinen（2012）的研究认为，风投机构网络资源利用能力能够通过接近专业技能、信息、项目流以及它们伙伴的财务资源来利用资源，从而提高投资绩效。Matusik 等（2012）基于知识和组织学习的理论，分析了风险投资情境中不确定情况下知识资源的多样化影响绩效的机理，研究发现，风投机构知识资源多样化与绩效之间存在 U 形关系，即高的投资绩效既能受益于因知识资源多样性带来的灵活性，也能获益于因知识资源专业化高带来的知识利用效率。

综上可知，企业的竞争优势，一方面来源于企业自身拥有或控制的资源，另一方面来源于企业网络中的网络资源，网络资源可以给企业网络中的企业带来网络特有的与企业和合作伙伴间的关系程度密切相关的关系租金，所以，进入企业网络的企业不再仅关注竞争，而更关注怎样利用网络获取资源（Jarillo，1988）。但结合联合投资网络，探讨如何获取并利用网络资源提升竞争优势的系统而深入的研究还不多见。

2.2 网络能力与企业绩效的相关研究

随着经济全球化的推进、各企业分工专业化的加深以及技术变革速度的加快，企业间网络资源逐渐成为现代经济活动的重要形式（赵爽、肖洪钧，2010）。企业竞争优势的获取，不仅需要企业自身所拥有的资源与网络资源，更需要主动管理网络资源的能力（Moller & Hallnen，1999），这种能力即为企业的网络能力（Ritter，2004）。鉴于网络能力对企业绩效的重要影响（Håkansson，1987；Ritter，2003；方刚，2011；马鸿佳等，2010），对网络能力的研究已经成为网络理论中的重要内容。经过对现有文献的回顾可知，关于网络能力的作用与影响的相关研究，大多数学者主要围绕企业网络能力的内涵、构成及其对创新绩效的影响展开大量的研究，并取得了丰富的成果。

2.2.1 网络能力内涵及构成的研究

网络能力最初用来指企业改善其网络中所处位置和处理企业间关系的能力，于1987年由Håkansson（1987）首先提出，它是伴随着组织间关系从单一的二元关系发展为多元的网络关系，良好的组织间关系成为组织获取竞争优势的重要来源而产生的，随后被Möller（1999）和Ritter（2002，2003）等进一步完善，并引起学术界的广泛关注。通过对现有文献的梳理，我们发现国内外学者基于不同的专业背景和研究目的对网络能力进行了定义，定义结果大致可归为五类：网络胜任力、网络战略管理能力、动态能力、联盟能力与关系能力。另外，为深化对网络能力的认识，学者们还从多方面、多角度对网络能力的构成进行了分析，如表 2.1 所示。

2.2.1.1 网络胜任力

网络胜任力由 Ritter 和 Gemunden 提出（Ritter，1999；Ritter & Gemunden，2003），他们通过分析企业技术网络中各种关系对企业的影响以及相关实证研究，认为企业网络能力是企业所特有的技巧，是掌控、开发和利用外部网络关系以获取竞争优势的能力，并将网络能力分解为任务执行和资质条件两个构成维度。其中，任务执行包括管理特定关系和管理跨关系两类任务，而资质条件则指执行这两类任务所需要的技巧和知识，包括专业技术和社会交际技巧，资质条件是任务执行的基础，而在执行网络任务过程中这种专业技术和社会交际技巧还可以得到有效改善。朱秀梅等（2010）结合我国经济转型情境，融合了网络能力的资质观和任务观，拓展了网络能力的内涵，从导向、资质和行为三方面重新对企业的网络能力进行了剖析，认为网络能力是企业在网络导向驱动下，利用一定的技巧，进行一系列网络构建和网络管理的能力，将企业的网络能力划分为三个维度：网络导向、网络构建和网络管理。李伟铭等（2013）以新创企业为对象，发现新企业网络能力具有高阶多维度结构，并且可以识别为任务执行和胜任资质两个维度，这两个维度还可以再细分为特定关系任务执行、跨关系任务执行、社会胜任资质和专业胜任资质四个子维度。

2.2.1.2 关系能力

关系能力的提出可以追溯到 1987 年 Håkansson 的研究，基于经验分析，他发现企业之间对企业外部环境中网络关系的处理存在着差别，这种差别确实能够对企业的绩效产生影响，因此，在此基础上他提出了网络能力的概念，并将其划分为提高企业在外部环境中的位置以及对单个网络关系的处理两个维度。后来 Dyer 和 Singh（1998）从静态的角度，指出企业间关系是理

表 2.1 网络能力的定义和维度

网络能力	定义	维度	来源
网络胜任力	掌控、开发和利用外部网络关系以获取竞争优势的能力	任务执行（管理特定关系和管理跨关系）、资质条件（专业技术和社会交际技巧） 网络导向、网络构建和网络管理能力 任务执行（特定关系任务执行、跨关系任务执行）和胜任资质（社会胜任资质和专业胜任资质）	Ritter（1999） Ritter 和 Gemunden（2003a，2003b） 朱秀梅等（2010） 李伟铭等（2013）
网络战略管理能力	发现、创造和利用参与创新网络带来的机会对网络事物进行管理，以保证网络学习的绩效和获得更好的知识和信息	网络规划能力、网络管理能力、组合管理能力和关系管理能力 占据中央化位置的能力和选择伙伴的能力 战略性网络能力和操作性网络能力 网络构建能力、网络嵌入能力和关系管理能力	Moller 和 Halinen（1990） Hagedoorn（2006） 方刚（2011） 芮正云等（2014）
联盟（管理）能力	企业用来积累、存储、整合与传播通过联盟所获取的知识的机制与程序	联盟运营能力、联盟学习能力和联盟协控能力 联盟伙伴的先动能力、联盟内成员间关系管理能力和联盟间协调管理能力 组织间协调、联盟组合协调、组织间学习、联盟先动性和联盟转化能力	Kale 等（2002） Sluyts 等（2011） 胡启明等（2014） Sarkard 等（2009） Oliver Schilke 等（2010）
关系能力	网络能力是企业构建外部网络关系并利用这种关系获取各类网络资源的能力和技巧	提高企业在外部环境中的位置与对单个网络关系的处理 从网络关系中吸收信息和知识的能力、与其他成员进行技术合作的能力、利用现有知识开发新知识的能力	Håkansson（1987） Dyer 和 Singh（1998） Lorenzoni 和 Lipparini（1999） Pagano（2009） 王玉等（2017）
动态能力	企业通过识别外部网络价值与机会、发展、维护与利用各层次网络关系以获取信息和资源的动态能力	网络构想能力、角色管理能力和关系组合能力 网络愿景能力、网络管理能力、关系管理能力以及组合管理能力 网络愿景能力、网络管理能力、组合管理能力和关系管理能力 关系技能、知悉伙伴、协作安排以及内部沟通 网络愿景能力、网络构建能力、关系管理能力以及关系组合能力 网络构想能力、网络关系管理能力以及网络角色定位能力 网络愿景能力、网络构建能力、网络协同能力 资源管理能力、关系管理能力、网络规划能力	徐金发等（2001） 邢小强、仝允桓（2006） 韦春北等（2012） 伍满桂（2008） 任胜钢（2010） 任胜钢、孟宇、王龙伟（2011） 吴岩（2014） 李飞星等（2012） 李纲等（2017）

注：笔者根据相关资料整理。

解企业竞争优势的重要分析单元，企业的关键资源可以跨越组织边界，嵌入企业间的资源和惯例中，从操作层面上提出了关系能力的定义，认为企业可以通过形成、维持、发展、支配伙伴关系以获取竞争优势。Gulati（1999）从静态的观点解释了网络能力，将其界定为企业具备的能够发展外部网络关系，并对外部关系网络进行管理的能力。Lorenzoni 等（1999）在研究垂直分工过程中，注重协调能力和跨组织边界的知识结合能力，他们认为关系能力加速了焦点企业的知识获取和知识转移，进而影响企业的成长与创新能力，他们将关系能力划分为从网络关系中吸收信息和知识的能力、与其他成员进行技术合作的能力、利用现有知识开发新知识的能力。Pagano（2009）认为，关系能力不仅是企业获取内外部资源的能力，而且还是管理联盟组合的能力。王玉等（2017）研究发现，关系管理能力中发起能力、交流能力和协调能力突出了关系建立、互动及冲突的协调解决，通过声誉、承诺、信任等机制影响探索式合作创新，网络中心度负向调节了关系管理能力与探索式合作创新的正向影响关系。

2.2.1.3 网络战略管理能力

Moller 和 Halinen（1990）基于整体性的视角，认为企业在网络中为了获得和保持竞争优势，必须发展关系构建和管理的网络能力，并将关系构建和网络管理划分为四个层次：产业网络层次、网络中的企业层次、关系组合层次以及特定的关系层次。对应于这四个管理层次，企业应该具备四种网络能力，包括网络规划能力、网络管理能力、组合管理能力和关系管理能力，并指出这些能力之间是相互联系的。Hagedoom 等（2006）认为，处于创新网络中的企业应该具有占据中央化的位置和选择合作伙伴的能力，因为中央化的位置可以提供丰富的信息，有利于提高创新绩效，而有效筛选和维系与伙伴的关系，可以保证每个合作伙伴都能提供有价值的信息，因此他们将网络能力界定为企业如何从网络中筛选出符合自身发展的网络伙伴并与之建立关系和如何进行创新设置的能力，并将其划分为以效率为目标的网络能力和基于核心的网络能力两种能力。目前，在此研究领域，我国很多学者都采用了

与此类似的观点，尽管他们对网络能力的内涵界定和维度划分并不完全一致，但大体都在同一框架下衍生而来。方刚（2011）基于资源观和社会网络理论，将网络能力划分为战略性网络能力和操作性网络能力两大类，前者主要指发现、创造和利用参与创新网络带来的机会，而后者则是具体的对网络事物的管理，以保证网络学习的绩效和获得更好的知识及信息。芮正云等（2014）以新创小微企业为对象，在探讨网络能力对新创企业绩效影响机理的过程中，将企业网络能力划分为网络构建能力、网络嵌入能力和关系管理能力。

2.2.1.4 联盟（管理）能力

Kale 等（2002）给出了联盟能力的概念，认为它是企业用来积累、存储、整合与传播通过联盟所获取的知识的机制与程序。Sluyts 等（2011）认为，联盟能力是指企业基于联盟管理和内部知识学习过程，该企业在何种程度上能够创造成功的联盟的能力。胡启明等（2014）认为，构建战略联盟是目前企业从外部获取所需资源，获得国际竞争优势的最佳路径，他们将联盟能力界定为企业对联盟的管理水平，将其划分为联盟运营能力、联盟学习能力和联盟协控能力三个维度，并结合株洲硬质合金集团有限公司国际化案例研究发现联盟能力对企业国际化战略具有重要的理论与实践指导意义。Sarkar 等（2009）则从联盟组合形成的过程视角，提出联盟管理能力的概念，认为企业可以通过积极寻找伙伴构建联盟、管理联盟内关系与协调整合联盟间关系三个过程获得大于各个联盟总和的集成联盟资本与良好的企业绩效；从寻找联盟伙伴的先动能力、联盟内成员间关系管理能力和联盟间协调管理能力三个维度，刻画了多元的联盟组合管理能力，认为联合组合管理能力的各维度能力有助于提升联盟资本，最终提升企业的绩效。Schilke 等（2010）从组织间协调、联盟组合协调、组织间学习、联盟先动性和联盟转化五个方面刻画了联盟管理能力，认为联盟管理能力与联盟组合绩效正相关，并分别调节着联盟经验、联盟结构与联盟组合绩效的关系。

2.2.1.5 动态能力

徐金发等（2001）从动态视角出发，指出网络能力是企业发展和管理外部网络关系的一种动态能力，并从战略、过程以及关系三个层次将企业网络能力分解为：网络构想能力、角色管理能力与关系组合能力。邢小强、仝允桓（2006）和韦春北等（2012）则将其界定为企业基于内部知识和其他补充资源，通过识别网络价值和机会，塑造网络结构，开发、维持与利用各层次网络关系以获取稀缺资源和引导网络变化的动态能力，将企业网络能力解构为网络愿景能力、网络管理能力、关系管理能力以及组合管理能力。伍满桂（2008）将组织经验学习和组织管理导入网络能力的研究，认为网络动态能力同时具备具体经营技能和高阶能力，参考 Walter（2006）的研究，将网络能力划分为关系技能、知悉伙伴、协作安排以及内部沟通四个维度。任胜刚等（2010，2011）认为，企业网络能力为企业通过识别外部网络价值与机会、发展、维护与利用各层次网络关系以获取信息和资源的动态能力，沿用了上述观点，将企业网络能力分解为网络愿景能力、网络构建能力、关系管理能力以及关系组合能力。吴岩（2014）以新创企业为研究对象，将企业网络划分为网络构想能力、网络关系管理能力以及网络角色定位能力。李飞星等（2012）认为，企业网络能力是一种动态的群体能力、合作能力，以传统产业集群企业为研究对象，将网络能力划分为网络愿景、网络构建、网络协同能力维度。

通过对现有文献的梳理，我们发现由于研究存在不同的视角和切入点，对于网络能力的内涵界定和维度划分存在一些差异，但总体上可概括为三类：第一，单个关系管理能力。这类研究重在分析企业网络中单个二元关系的管理，认为企业可以通过形成、维持、发展、支配伙伴关系以获取竞争优势，提出了关系能力、联盟能力和合作能力等（Heimeriks & Duysters，2007；Kale & Singh，2007），但缺乏对网络中各关系之间相互作用的分析。第二，多元关系管理能力。由于企业网络包含多个成员，这些成员之间形成的不仅是一对一的二元关系，还包括一对多的多元关系，因此，对网络的管理不仅要维系好与某个交易伙伴的交互活动，还要处理好资源在不同交易伙伴中的分配（Håkansson，1987），这类研究将网络能力界定为企业发展和利用组织间的网络关系，从外部网络主体获得各种资源的能力（Walter A. et al.，2006），提出了网络胜任力（Ritter & Gemunden，2003）、动态能力（罗珉、刘永俊，2009）等。第三，多层次的网络能力。由于企业网络的管理涉及由宏观到微观不同层次的网络管理任务，因此，也有不少学者提出履行这些多层次任务需要具备诸如网络愿景能力、核心网络管理能力、组合管理能力与关系管理能力等多层次的网络能力（Moller & Halinen，1999；任胜钢，2010；朱秀梅等，2010；李纲等，2017）。

综合上述学者观点，我们发现关于企业网络能力内涵及构成维度的认识尚未形成统一的观点，但现有研究对于网络能力的概念具有相对的一致性，即企业网络能力最终都是通过技巧、位置、关系、联盟等渠道获取外部网络资源，并将这些资源加以整合利用，从而获取竞争优势和提高组织绩效。企业网络能力与资源有密切关系，网络能力源于对企业内部和外部网络中各个成员的资源的整合利用。学者们对网络能力具体构成维度的解读也存在差异，但仍具有某些共性。在某一特定的网络领域，学者们依据网络能力的定义，从网络能力的过程角度对网络能力的构成进行分解。例如，将战略管理能力分解为战略和管理能力，联盟能力分解为联盟构建和联盟管理能力，关系能力分解为关系构建和关系管理能力，等等，既强调了网络能力的整体性，又突出了网络能力的层次性。尽管现有研究已经取得了大量而丰富的成果，但以联合投资网络为对象，研究风投机构网络能力的概念与构成的研究尚不多见。因此，未来学者们应该结合联合投资网络特征，对风投机构网络能力的维度划分进行更深层次的探讨，并据此设计测度指标，以使研究结论更具普适性。

2.2.2 网络能力对企业绩效影响的研究

自 Ritter（1999）运用网络能力理论将网络胜任力作为前因变量探讨了

其对企业产品和流程的影响，证实了网络胜任力对后者的积极影响后，将网络能力作为前因变量探讨其影响的研究开始如雨后春笋般涌现，各种相关文献使得网络能力的研究体系不断完善。通过对相关文献的回顾，本书发现，现有关于网络能力对企业绩效影响的研究，更多集中在创新网络中，近年来，也引起了风险投资领域理论家和实践界的关注，但散见于少量的研究中（罗吉等，2016），且尚未进行清晰的概念界定，形成一致的结论。

网络能力作为企业的核心能力，被认为是企业获取竞争优势的重要来源，它可以增强企业的整体绩效，这一观点得到了普遍认可。目前，在其他领域中，学者们主要围绕网络能力提升企业绩效的路径和效果展开了大量研究，并取得了丰富的成果。

2.2.2.1 网络能力对企业绩效的直接影响

Schiefer 等（2009）以荷兰企业供应链网络为研究对象，对企业网络能力与企业绩效的关系进行了研究，研究结果表明，网络能力比较强的企业通过有针对性地选择供应商，与其建立密切的合作关系并努力发展长期合作关系，建立并优化网络结构，有助于供应商及时有效地提高企业所需的零部件产品和服务，因此显著提高了企业的运作绩效和整体财务绩效。Walter 等（2006）通过对大学衍生企业的研究，发现企业网络能力在提高企业竞争优势与提升企业利润方面具有重要作用。Swaminathan 和 Moorman（2009）通过对企业营销联盟的研究，发现网络能力作为一种学习能力，能为未来的企业联盟绩效做出贡献。Ting 和 Chiu（2008）发现，网络能力与集群企业的创新绩效正相关，网络能力更高的企业，其创新绩效相对网络能力较低的企业表现更好。郝生宾和于渤（2009）发现了网络能力对企业自主创新绩效的相关影响作用。Ritter 和 Gemunden（2003）研究得出网络能力与技术开发绩效之间具有积极的关系，并指出企业通过其网络能力可以参与网络中的技术开发过程。张荣祥（2009）基于文献梳理、访谈与问卷调查，将网络能力划分为关系技能、协作安排、知悉伙伴、内部沟通与学习支持五个维度，研究结果表明网络动态能力与创业企业的创新网络质量及创新绩效显著相关。李伟铭等（2013）发现，新企业网络能力具有高阶多维度结构，可以细分为特定关系任务执行、跨关系任务执行、社会胜任资质和专业胜任资质四个子维度，网络能力对新企业成长性绩效产生正向的积极影响；任务执行与胜任资质维度均有助于提高新企业成长性绩效，且胜任资质的影响作用更为强烈。常路（2014）将企业网络能力划分为合约监控能力、关系管理能力以及合作战略导向三个维度，研究结果表明，它们对企业成长绩效具有显著的正向影响。何文靓等（2015）实证检验结果表明，网络能力对集群企业的国际化成长有显著的正向影响。

2.2.2.2 网络能力通过中介或调节作用间接影响企业绩效

也有学者认为，网络能力对企业绩效的直接作用并不显著，更多的是作为中介或调节变量而存在（Human & Naudé，2009）。

首先，通过资源获取的中介作用来提升企业绩效。Lamber 等（2002）和 Wittmann 等（2009）指出，网络能力通过从网络伙伴处获取互补资源，并创造其他企业没有的异质资源，进而获取高额的财务绩效。Mort 等（2005）指出，网络能力有助于企业识别和开发市场机会，使企业从网络成员处获取技术知识，促进知识密集型产品的开发，进而提升企业的跨国营销绩效。张君立（2008）基于 Ritter 和 Georg（2003）、Watson（2007）的企业网络能力与企业绩效关系的研究基础，引入资源获取中间变量，检验了企业网络能力通过对企业获取外部资源和自身内部积累资源的影响路径显著提升了企业绩效。朱秀梅等（2010）通过引入知识资源获取中介变量，研究发现，新创企业的知识资源获取在企业网络能力和新创企业绩效之间发挥完全中介作用。马鸿佳等（2010）研究表明，企业网络能力调节着信息获取与绩效之间的关系，而且网络能力越强，企业获取的信息越能够为企业带来高额的绩效。李飞星等（2012）以政府介入为调节变量、资源获取为中介变量，研究发现，资源获取在网络能力与竞争力之间起到中介作用，但资源获取起部分中介效应，网络能力对企业竞争力的中介效应不完全通过中介变量资源获取的中介达到其影响，网络能力对企业竞争力有直接效应，政府介入在网络能力和资源获取的关系之间不存在调节效应。芮正云等（2014）以新创小微企业为对象，研究发现，创业者的网络构建能力和网络嵌入能力对企业成长绩效具有显著的直接影响，而关系管理能力对企业成长绩效的直接影响并不显著；创业者的吸收能力在网络嵌入能力与企业成长绩效之间起到部分中介作用，在关系管理能力与企业成长绩效之间起到完全中介作用。王益锋等（2016）研究发现，科技型小微企业网络能力对信息获取、知识获取和资金获取均有显著的正向影响；信息获取和知识获取在科技型小微企业网络能力与技术创新绩效之间起部分中介作用。

其次，通过组织学习、知识管理来提高企业绩效。Pesamaa 等（2011）针对小企业的研究表明，小企业相对于大企业而言缺乏相应资源。因此，企业可以通过开发战略网络能力，利用网络获取知识，促进学习，将内外部知识结合进而服务于自身的价值创造，开发出具有竞争力的产品和服务，进而提升企业绩效。赵爽和肖洪钧（2010）的研究表明，网络学习能有效地改善知识获取、知识吸收和知识创新水平，进而提升企业绩效。常路（2014）基于组织学习的中介机制，研究发现，企业的合约监控能力通过正向影响利用性学习作用于企业的成长绩效，企业的关系管理能力通过正向影响探索性学习作用于企业成长绩效，合作战略导向通过正向影响利用性学习与探索性学习作用于企业成长绩效。何文靓等（2015）利用苏州外向型集群企业的问卷调查数据，研究发现，网络能力通过影响知识租金的获取从而对集群企业的国际化成长产生正向影响。吴岩（2014）以新创企业为研究对象，研究发现，新创企业网络构想能力、网络关系管理能力以及网络角色定位能力对知识管理能力均产生了显著的正向影响，新创企业知识管理能力在网络构想能力和创新能力之间起到了完全中介作用。李纲等（2017）研究发现，企业利用网络能力从外部网络获取新的关键知识，能够促进服务创新并提升创新绩效。沙振权等（2013）研究发现，企业网络能力对企业合作绩效的直接作用不显著，而是通过影响企业网络结构和吸收能力产生间接影响，网络结构和吸收能力在网络能力和合作绩效之间的作用机制不同，网络结构起到了部分中介作用，而吸收能力起到了完全中介作用。

再次，通过促进合作、降低成本来提高企业绩效。具备较高网络能力的企业，可以主动选择合适的供应商等交易合作伙伴，培养企业间相互信任的合作关系，促进合作伙伴间的相互依赖与协调，降低监督与契约等交易成本，提高企业绩效。Lorenzo 和 Lipparini（1999）通过对位于意大利的药品、食品和纸制品包装三个行业中的核心企业的网络演化进程的研究，发现网络能力能够对企业对供应商的选择以及与供应商的关系建立产生重要影响，企业网络能力有助于与供应商建立信任关系，使企业产生了成本上的持续优势，进而提升了企业绩效。Schreiner（2009）研究表明，企业的联盟管理能力有助于增强联盟成员间的联合行动，加速联盟目标的实现，提升企业绩效。

最后，通过创新来提升绩效。现有关于网络能力的作用的多数研究都集中在创新网络中，尤其是其在创新方面所扮演的角色（Capaldo，2007）。拥有较高的网络能力有助于企业获取和吸收合作经验，整合利用网络成员的资源，改善并优化创新流程，提升企业创新绩效，有助于企业更多地、及时地了解市场信息，使创新符合市场需求，有效地降低创新风险，也可以改善其网络位置（刘兰剑，2011），有利于合作技术开发和市场信息的交流互动，进而提高创新效率和创新绩效。Ritter（1999）、Ritter 和 Gemunden（2003），以及 Ritter 等（2002）通过对 308 家德国机械和电器工程公司以及 138 个英语国家 MBA 学生的样本数据分析发现，拥有较高网络能力的企业更容易从网络成员处获取较多的市场知识，有助于企业认准市场导向进行产品创新，有助于企业建立起更好的关系营销策略销售创新产品，这些都是企业创新成功的保障。Capaldo（2007）研究发现，网络能力有助于企业的动态创新能力的提升。郝生宾和于渤（2009）则认为，网络能力不仅对自主创新有显著的直接正向影响，而且还能通过影响技术能力对自主创新产生间接正向影响。任胜钢（2010）通过实证分析发现，网络能力对企业创新绩效具有明显的促进作用，而企业的网络位置和联系强度在网络能力和创新绩效之间发挥了部分中介作用。章丹（2012）引入网络管理活动作为中间变量，建立了网络能力—网络管理活动—网络创新绩效模型，将网络能力划分为网络愿景能力和网络关系能力两个维度，通过实证研究得出网络能力对网络管理活动产生显著的积极影响，而网络关系能力能够促进网络创新绩效，网络愿景能力对网络创新绩效的促进作用却不显著。

另外，也有研究指出，风险投资网络中的风投机构的协调沟通能力可以加强各风投机构之间的合作，提高外部知识的利用效率，降低联合投资网络运行的交易成本，进而提高投资绩效（Wright & Lockett，2003；Meuleman et al.，2009；De Clercq & Dimov，2007）。但 Wright 等（2003）也指出，联合投资网络中参与者越多，意味着联合投资更复杂的管理问题和所有权的稀释，而这会降低决策制定的速度，最终影响创业投资基金绩效。另外，由于信息不对称，联合投资中也面临着逆向选择问题，风投机构也可能利用信息不对称，互相勾结，向潜在的投资者夸大风险企业的业绩，最终致使联合投资绩效下降。也有研究指出，联合投资网络中，风投机构经常会同时投资于多个投资组合公司或参加更多的联合投资，但由于联合投资网络的维护和治理本身是需要巨额成本的，在分配给每个企业有限的时间和精力的情况下，因担心其不能有效地协调好各个投资项目间的关系，风险企业家很可能会降低对其的期望值（Terje et al.，2007）。近年来，也有个别学者以联合投资网络为对象，将风投机构网络能力作为调节变量，解释其对网络位置与投资绩效关系的调节效应（罗吉等，2016）。

综上，我们发现了联合投资中风投机构之间的协调、关系治理等对投资绩效的影响，这些研究表明，联合投资网络不一定能促进投资绩效以及风险企业成长，可能原因如下：第一，联合投资中不同成员之间的沟通、协调能力会影响投资决策，进而影响投资绩效；第二，联合投资网络中风投机构在不同的联合投资项目间的协调整合能力也会影响投资绩效。

通过上述对现有文献的梳理，我们发现目前关于网络能力对企业绩效影响的研究，成果多数是针对网络能力对企业绩效或创新绩效的影响，结合风

险投资领域特点，对风投机构的直接研究十分少见。事实上，网络能力不仅在创新网络中发挥着重要作用，在联合投资网络情境下也同样重要。因此，未来研究可以探讨网络能力的更多结果变量，如其对联合投资网络中网络资源的获取、利用以及在降低交易成本和控制风险等方面所扮演的角色等。

2.3 联合投资网络嵌入与投资绩效的相关研究

近 30 年以来，随着学科间的融会贯通和网络分析技术的飞速发展，社会网络研究呈现出一种强大的生命力。由社会网络理论发展而来的网络嵌入视角，逐渐成为各学科研究社会现象的新兴力量范式。网络嵌入性理论主要起源于 Polanyi K.在 1944 年出版的 *The Great Transformation* 一书中所提出的“嵌入性”思想。此后，Granovetter（1973，1985）指出，嵌入性是指经济行为和结果受行为人之间的关系及其整个网络结构的影响，将嵌入性的思想推向了一个新阶段，进而引发了以嵌入性分类为核心的进一步研究。例如，Zukin 和 Dimaggio（1990）提出了认知嵌入性、结构嵌入性、政治嵌入性与文化嵌入性四种嵌入性类型。Anderson 等（2002）把嵌入性分为技术嵌入性与业务嵌入性，实证研究了二者对企业绩效的正向影响。Hagedoom（2006）通过研究组织合作中伙伴关系的构建，提出了环境嵌入性、组织间嵌入性与双边嵌入性。最有影响的嵌入性分类是 Granovetter 提出的结构嵌入性和关系嵌入性。他认为关系嵌入性是指网络参与者间相互关系的二元交易关系，指交易双方之间相互理解、信任的程度。在关系嵌入测度方面，Granovetter（1973）从强弱关系的角度提出用互动频率、亲密程度、关系持续时间、相互服务的内容四个指标来判定网络主体间关系的强弱（相比弱关系，强关系需要投入更多成本和精力去维持）。结构嵌入性是指在更宏大层次上，行为者们所形成的关系网络嵌入其构成的社会结构中，并受来自社会结构的文化、价值因素的影响或决定，衡量的是网络成员之间的联结以及网络成员能否在网络结构中占据一个有利位置，其测度指标主要有网络规模、网络密度、中心性等。

基于此，本书接下来主要以网络结构嵌入和关系嵌入作为文献梳理的依据，以解释联合投资网络嵌入对风投机构投资绩效的影响。

2.3.1 网络结构嵌入对投资绩效影响的研究

随着社会网络理论与方法的发展与完善，如何运用企业网络优势提升企业绩效成为学术界关注的热点问题之一。目前，关于网络嵌入对企业绩效影响的研究，在创新网络中更为集中，近年来，也引起了风险投资领域理论家和实践界的关注。另外，企业网络是嵌入在社会、专业和关系之中的关系网络（Gulati et al.，2006），网络内企业通过相互合作、共享资源和信息，提高专业知识和竞争优势（Ritter et al.，2003），对网络结构的刻画成为了研究网络中企业间关系的重要内容。目前，学者们多从网络结构嵌入整体角度、网络位置与网络密度等刻画网络结构嵌入程度指标的角度来分析其对投资绩效的影响。

首先，从网络结构嵌入整体角度分析其对投资绩效的影响。从网络结构嵌入整体角度进行分析的研究，成果多集中在创新网络领域。任何经济组织或个体都与外界存在一定的“社会关系”，即嵌入于一个由多种社会关系交织而成的社会网络中（Granovetter，1985），随着企业技术创新模式逐渐向网络化范式转变，网络嵌入成为影响企业创新效率与绩效的重要基础条件之一。比如，Wincent（2010）、Salman（2002）等学者指出，网络结构嵌入将对企业绩效产生显著的影响。有学者提出，企业网络嵌入方式的不同会导致企业绩效的差异（Granovetter，1985；Uzzi，1997）。Soh（2010）和Gulati（1998）的研究表明，网络结构嵌入差异会影响企业对技术创新伙伴的选择，从而影响技术创新网络的形成，不同的创新网络又会影响企业控制的网络资源数量和质量，这就引起了企业绩效的差异。企业网络结构嵌入程度越高，意味着企业在网络中占据的优势地位越显著，从而越容易获得稀缺性网络资源，这相对于竞争对手而言，企业就具备了独特的竞争优势，而竞争优势的获得对创新绩效有极大的促进作用（Granovetter，1992）。

具体到联合投资网络，Echols 和 Tsai（2005）对联合投资网络的嵌入性问题进行了研究。他们认为，联合投资网络嵌入程度是指某一风投机构涉入联合投资网络的程度，可用网络冗余度/网络规模测度，并且实证证明风投机构的网络嵌入程度越高，越有利于产品差异化及渠道差异化战略取得成功，因而就越有可能提升投资绩效。Bubna 等（2013）用网络内成员同质性偏好测算网络同质性，研究网络成员嵌入结构对退出绩效的影响，发现社群内成员的稳定性、同质性、竞争性都有利于社群成员成功退出。聂富强等（2016）研究表明，网络嵌入性对风投联盟成功退出的作用机理为异质性信息增强时有助于风投联盟成功退出。

其次，从网络位置角度分析其对投资绩效的影响。网络结构嵌入是一种网络成员间的非正式关系，关注的是企业在整个网络结构中所处的位置，并且其为企业间的信息传播提供了一种更为有效的渠道（Gulati，1994）。因此从网络位置角度描述网络结构嵌入并研究其对投资绩效的影响成为学者们关注的一个重点（Burt，2009；Freeman，1979），并且取得了丰富的成果。比如，Ahuja 等（2012）指出，网络位置将决定组织所能拥有资源的多寡与品质。网络中心者位于网络的中心，与其他组织的联结关系多、地位高、影响力大，是各种资源聚集的中心，在形象及声望上极具优势，网络位置的影响体现在获取资源和知识、互惠、信息扩散和传播、信号发送等方面。Tröster 等（2014）利用中心性测度网络位置，分析其对创新绩效的影响，研究发现，网络中心性与创新绩效呈倒 U 形关系。Grigoriou 等（2014）则以成员地位衡量网络位置，分析了团队中处于明星地位的成员团队创新能力的影响，研究发现，团队绩效会受到团队中明星成员的影响，团队中明星成员的资源动员作用越明显，越能激发团队的创新能力。

联合投资网络中，Hochberg 等（2007）使用美国风险资本市场 1980~

2003 年的相关数据，从网络中心性和结构洞两个角度刻画了风投机构的网络位置，研究发现，无论是风投机构中心性位置（文中用程度中心性、点出度中心性、点入度中心性、特征向量中心性度量），还是结构洞位置（文中用中介中心性度量）都对风投机构的投资绩效有显著的正向影响。Abell 和 Nisar（2007）以英国和欧洲大陆 1995~2005 年 624 家风投机构的数据为样本研究了风投机构的网络位置对其投资绩效的影响，他们的研究同样表明，风投机构的点出与点入度中心性、程度中心性、特征向量中心性和中介中心性都对投资绩效有显著的积极影响，这一结论与 Hochberg 等（2007）的研究结论一致。Nahata（2008）以美国风险资本市场 1991~2006 年的数据为样本研究风投机构的声誉对投资绩效的影响时，同样研究发现风投机构的程度中心性对投资绩效有显著的正向影响。国内学者党兴华、董建卫、杨敏利等（2011，2012，2014）以中国本土风投机构网络为研究对象，从中心性和结构洞两个角度，项目选择、项目评估、项目监督和增值服务四个方面分析了风投机构的网络位置对投资绩效的影响，他们使用网络中心性和结构洞数量度量风投机构网络位置，从退出方式和退出期限两个方面测度投资绩效，结果表明，网络中心性高的风投机构不仅更有可能 IPO 退出和成功退出，而且可以更快地成功退出。占据结构洞位置虽有助于风投机构缩短退出期限，但并不能提高 IPO 退出率和成功退出率。罗吉等（2016）研究发现，机构位于网络中心和中介位置对其投资绩效有显著的促进作用；机构的网络资源获取能力和整合利用能力能有效提升投资绩效；网络资源整合利用能力越强，越能发挥网络位置对投资绩效的正向影响；网络资源获取能力对中介位置与投资绩效的关系具有显著的调节作用。李智超等（2015）研究发现，信息中介度和接近中心度越高，风险投资企业的投资绩效越高；“结构洞”无法为风险投资企业带来竞争优势，相反会对其投资绩效产生负面影响；具有“小圈子”特征的联合风险投资网络可以带来更高的投资绩效。蔡宁等（2015）研究发现，风险投资的网络位置影响了公司的投资效率。风投的网络中心度越高，越有可能抑制投资不足，但也推动了公司的投资过度；联合投资可能影

响风投网络位置的上述作用。当风投采取联合投资时，网络中心度对投资不足的抑制作用以及对投资过度的推动作用，都要强于风投独立出资的情况；并且，当风险投资退出公司、关系网络断裂时，公司投资效率受到的上述影响也随之消失。李波等（2017）以中国风险行业的联合投资事件为研究对象，研究发现，联合投资中，跟投者比领投者的绩效好，领投者与跟投者的投资绩效因行业类型不同而存在差异等。

最后，从网络密度角度分析其对投资绩效的影响。网络密度是对网络内各节点之间关联的紧密程度的衡量（刘军，2007）。一般认为，网络密度是网络内联结主体被强的第三方联系所围绕的状况（Burt，2009；Reagans，2003）。围绕联结双方的第三方联系越多，网络密度越高，嵌入程度越高。Gnyawai（2001）认为，网络密度即战略网络中企业之间相互连接的程度，是影响企业行为及效果的重要因素。在高密度网络中，企业可以通过与其他主体相连接，迅速获取市场信息，进而整合外界知识，促进自身技术与产品的创新活动，提高竞争力。此外，高密度网络会增加企业间互相联系的次数和强度，加速网络内部信息与资源的流动，促进网络中知识的转移与共享。另外，企业之间因合作容易形成互惠关系，有利于企业间知识共享惯例的形成，从而促进企业的知识基础的拓展，进而提升企业的学习能力。例如，萨克森宁（1999）通过对硅谷的研究指出，密集网络为硅谷集群网络的创新和良性演化提供了不断衍生的土壤及持续发展的动力。从知识整合的角度看，网络密度越大，则网络中成员之间的知识、信息交流越彻底，企业的创新绩效就越好。Rost（2011）研究发现，企业所处的网络密度越大，企业互相之间获取有价值信息的可能性也越大，企业之间的学习与创新活动越活跃。Ahuja（2005）研究发现，当企业处于成熟且稳定的网络中时，网络密度对管理创新具有显著的积极影响。谢洪明等（2011）研究表明，网络密度对企业学习能力和技术创新绩效均有显著的正向影响，网络密度还可以通过企业学习能力对技术创新绩效产生间接影响。但也有研究表明，高密度网络可能抑制企业对资源的获取能力，从而削弱企业学习能力，主要表现为集群的

“过度嵌入”（吴结兵，2006）。低密度网络更有利于企业进行突破创新。随着企业网络密度的加大，企业之间更容易形成较为固定的交易对象和合作伙伴关系，减少了企业获得有用信息和面向新机会的路径，从而可能带来一定程度上的网络封闭性，使得网络中的企业丧失学习动力。吴结兵等（2008）基于社会网络、集聚经济与集体学习三种理论，研究发现，网络密度通过集聚经济对集群效率产生正向影响，显著促进了集群效率的提高，通过集体学习对集群效益产生负向影响，不利于集群效率的提升。因此，有学者认为网络密度与企业绩效之间并非简单的线性关系，网络密度过高过低都不合适，只有适度的网络密度才能有效促进企业管理创新绩效的提高。这些学者认为，网络密度过高难以获取非冗余信息与知识，不利于知识流动效率的提升（Burt，2009）。

具体到联合投资网络，Hochberg 等（2010）研究了网络密度对风投机构投资绩效的影响，研究表明，市场内所有在位者之间的联合投资关系越紧密，阻碍作用越强，潜在进入者进入该市场的可能性越小。联合投资网络关系密度越大，越能有效限制新进入者的进入：网络密度每增加一个标准差，就可以阻止约 1/3 的新进入者进入。De Clercq 和 Dimov（2007）以 1962~2002 年美国本土风投机构的投资数据为样本，研究风投机构以联合投资为途径获取联合投资伙伴外部知识的效果。他们的研究表明，在一个特定的投资中，风投机构联合伙伴越多，它的投资绩效越好，但每个联合伙伴的贡献会随着伙伴数量的增加而降低。

另外，还有少数学者研究联合投资网络中网络规模对投资绩效的影响。网络规模通常用风投机构及利益相关者的数量测度。一般来说，网络规模越大，风投机构越能获得新的信息和专业知识，因而越有利于利用网络增加价值和提高投资绩效（Lindsey，2008）。但是，随着网络规模的不断扩大，机会主义和社会懈怠的负面影响也会凸显，因此，联合投资网络规模和风投机构绩效之间存在一定的正相关性，但并不是线性关系（Clercq & Dimov，2007）。此外，风投机构网络规模越大，越有利于远距离关系的形成，但联合投资网络规模会受行业经验的影响而发生动态变化（Sorenson & Stuart，2008）。

综合以上分析可以发现，网络密度对企业绩效的影响尚无定论，但相对一致的看法认为，适度的网络嵌入更有利于提升企业绩效。

2.3.2 网络关系嵌入对投资绩效影响的研究

“嵌入性”理论认为，企业的创新活动嵌入其所在的关系网络中，因此网络关系特征会影响企业的技术创新效率。组织间通过信息共享、利益均沾以及共同解决问题等机制促进双方合作水平与关系品质的提升，如同心协力、风险共担等，进而推动企业绩效的提高（Presutti et al.，2011）。网络关系嵌入是指交易双方对合作方的需求和目标的重视程度，以及交易双方之间的相互信任、信赖和信息共享程度。

首先，基于关系强度角度，分析关系嵌入的影响。现有研究多从关系强度角度探讨网络关系对技术创新的重要影响，并勾勒了能有效提升企业技术创新绩效的各种网络特征。关系强度是指行为主体之间的关系亲密程度。在企业网络中，网络关系强度对于企业技术创新的影响作用得到了国内外学者的普遍关注。例如，Katja（2011）指出，网络关系结构无论是直接关联还是间接关联，均对企业技术创新产生显著的正向影响。Granovetter（1973）认为，网络关系中的强联结所获取的信息，多是重复或相类似的，不利于企业创新资源的获取；而网络关系中的弱联结则能够提供新颖、及时的新知识与信息，从而有利于提高企业的技术创新绩效。Inkpen 和 Tsang（2005）研究认为，良好的企业网络关系有助于促进企业间信息的交流反馈与知识的转移共享，促进技术创新绩效的提升。谢洪明等（2008）通过对集群中的跨国合资公司的研究表明，良好的网络关系能够促进企业吸收新知识与新技术，从而对企业技术创新能力的提升起到推动作用。蔡宁等（2008）研究发现，企业网络的强弱关系与技术创新模式存在耦合性，并且这种耦合性呈现协同演化的特征，企业对技术创新模式的选择取决于网络关系及其变化。谢洪明等

(2012) 研究发现，企业网络关系强度和学习能力都对技术创新存在着显著的正向影响，企业学习能力在网络关系强度和技术创新之间起到不完全中介作用。杨皎平等（2015）研究发现，核心企业之间的弱关系有利于探索式创新，核心企业与配套企业之间的强关系有利于利用式创新；探索式创新和利用式创新是相互促进、相互补充的。刘学元等（2016）研究表明，创新网络关系强度和企业吸收能力均对企业创新绩效存在显著的正向影响，且企业吸收能力在网络关系强度和企业创新绩效之间起不完全中介作用。吴晓云等（2017）研究发现，强、弱网络关系各自为技术创新绩效提供了两种不同资源并与之显著相关；探索式与利用式创新模式在其中发挥中介效应；同时，强关系更有利于利用式创新，因此，在强关系网络中应采取利用式创新为主、探索式创新为辅的创新模式配置。

但作为描述创新网络关系最重要的特征变量，网络关系强度与技术创新绩效的相关关系尚未获得一致结论。Larson（1992）、Krackhardt（1992）、Hansen（1999）认为，与合作伙伴间的强联结关系有助于促进双方的信任与合作，有助于企业获取更多的高质量信息和隐性知识，对技术创新绩效产生显著的积极影响。Granovetter（1973）、Petersen（2000）等基于弱关系的信息优势理论得出结论，弱关系通过关系“桥”，有助于网络成员获取更多的异质性知识，与企业技术创新显著正相关。Uzzi（1997）则指出，网络嵌入性关系的理想强度是处于中间状态，既不要太紧无法解散关系，也不要太松以至于无法形成关系，上述学者们关于网络关系强度与技术创新关系的争论被称为“关系嵌入性悖论”。基于此，Christine（2003）等学者提出环境要素、组织内部要素作用于不同的创新类型，其结果是不同的，相同的要素在促进一类创新的同时可能会阻碍另一类创新。潘松挺（2011）以探索式学习和利用式学习为中介变量，提出了网络关系强度对企业突破性创新和渐进性创新的两面性作用的假设，构建了网络关系强度对技术创新影响的概念模型，并进行了实证研究。实证分析结果表明：创新网络关系强度的提高不利于突破性创新，但有利于渐进创新的提升，其中网络关系强度通过探索式学

习对突破性创新产生负面影响，但通过利用式学习对渐进性创新产生正面影响。蔡宁等（2008）研究发现，企业网络的强弱关系与技术创新模式存在耦合性，并且这种耦合性呈现协同演化的特征，企业对技术创新模式的选择取决于网络关系及其变化。一般来说，弱关系因能够提供非冗余的异质性信息，适合进行探索型创新，而强关系因能够增强成员间的信任，促进复杂知识的传递，适合进行利用型创新。Almeida P. 等（2014）在研究中发现，过度嵌入会使得发明家的创新视野受到局限进而降低发明家的创新绩效。Sytch 和 Tatarynowicz（2014）则认为，网络成员通过跨网络流动可以获取更多的异质性知识，网络内部成员间的密集连接可以使得知识的分布更为均匀，从而提升企业发明绩效。唐青青等（2015）研究表明，知识深度对主体的突破性创新有显著正向作用，而知识宽度对学者突破性创新没有显著影响；关系嵌入强度加强了知识宽度与突破性创新之间的正向关系，削弱了知识深度与突破性创新之间的正向关系。

具体到联合投资网络，De Clercq 和 Dimov（2007）研究表明，风投机构和它的联合伙伴间以往交互越多，投资绩效越好，然而，每个新增的、交互的贡献随着以往交互数量的增加而减少。

其次，基于关系持久度和关系质量角度，分析关系嵌入的影响。还有学者从关系持久度与关系质量角度研究关系嵌入对企业绩效的影响。例如，Powell（1996）对美国一些制药企业的纵向研究发现，持续时期较长的网络关系，有利于企业实现产品的创新；Uzzi（1997）通过对纽约服装产业的实证研究也认为，关系持久度与企业技术创新绩效正相关。Li 等（2013）研究发现，企业在集群内的连接强度、连接质量、连接稳定性及集群间联系都会对企业绩效产生正向影响。

具体到联合投资网络，学者们多从关系质量、关系持久性和关系强度等维度分析网络关系嵌入的影响，强调网络内容变量，主要分析二元关系的强弱程度和网络形态，关注成员间信任、互惠与交互的方式不同导致的绩效差异。网络关系的质量一般用来反映合作对象的权力和地位，学者多用波纳西茨权力指数对其进行测度并研究其对投资绩效的影响。例如，Hochberg 等（2007）与 Abell 和 Nisar（2007）的研究认为，与地位高、权力大的利益相关者建立合作关系可以提高联合投资网络关系的质量，从而有助于提高投资绩效。Lindsey（2008）研究认为，与成熟的公众公司建立良好的关系，就可以提高联合投资网络的关系质量，为风险企业提供它们所需的其他资源，从而有利于提高风投机构绩效。网络关系持久性是衡量网络关系嵌入稳定性的一个重要指标（Anderson et al.，1990）。Nahata（2008）认为，风投机构通过长期的业务运营与利益相关者结成的关系具有一定的持久性，这种持久的关系能增强彼此间的信任，帮助风投机构在联合投资网络中提高自己的信誉度，并会对投资绩效产生正向影响。作为衡量关系紧密程度或亲密程度的网络关系强度，也是学者们关注的产生投资绩效差异的网络关系嵌入的一个重要指标。风投机构间信息交换的频率和质量越高，网络关系的强度越大（Clercq & Sapienza，2008）。网络关系强度可以评估关系的可靠性（Gulati，1995），不但有助于降低监督成本（Granovetter，1985），而且还有利于通过网络参与风险企业的人力资源管理（Carvalho et al.，2008），因此，亲密的伙伴合作有利于提高风投机构投资绩效（Clercq & Dimov，2007）。Phillips 等（2013）研究发现，战略同质性有利于网络内成员形成亲密联结，进而增加风险投资成功概率。

综上，我们发现联合投资网络嵌入为风投机构获取关键性知识、技术等资源创造了条件，但这种关键性知识、技术资源通常不能被风投机构直接加以利用，而是需要通过吸收、整合以及消化后才能为构建竞争优势提供帮助，这要求企业具备较强的网络能力。但现有研究中关于关系嵌入对企业绩效的影响尚无定论；结合联合投资网络，分析关系嵌入尤其是关系强度对投资绩效作用机理的文献还不多见。

2.3.3 网络结构嵌入与关系嵌入的交互对投资绩效影响的研究

上文回顾了社会网络研究中的结构主义与关系主义，对企业（投资）绩

效的影响。也有一些社会网络的研究表明，这两种视角不应该是彼此割裂的，可以同时考察这两者对企业绩效的交互作用，相关研究成果多集中在创新网络领域。

关系与结构的交互作用的思想源于对 Granovetter（1973）弱关系强度理论的假设的批判。Granovetter（1973）的假设认为，强关系大多源自于同一个社交圈子，从信息流动的角度看，强关系流动的都是同质化的、拥有较大重复度和剩余度的信息，对组织的帮助不大；而弱关系才最有可能连接两个相互独立的社交圈子，从而起到连接不同社会群体之间的“桥”的作用，因此弱关系将为组织提供更丰富、更有价值的异质信息。针对这一假设，Burt（1992）的研究提出了质疑，在其 1992 年的 *Structural Holes* 一书中，Burt 指出，弱关系的价值不在于强度之弱，而在于其结构上是“桥”。对弱关系与关系桥的讨论从此展开。Seibert 等（2001）的研究表明，弱关系与信息的获取没有直接关系，他指出，这是因为我们仅仅考察了关系的强度，而没有研究这种弱关系到底是不是关系桥，是不是充当了连接不同社交圈子的桥梁角色。McEvily 和 Zaheer（1999）的研究表明，关系桥并不意味着一定就是弱关系。Rangan（2000）也指出，强关系在于其商议方面的优势，而不冗余网络则给组织带来信息搜索的优势，因此两者的结合才是对组织产出最有帮助的。从此，探讨结构与关系对组织产出的交互作用成为社会网络研究中的一个很热门的研究方向。

Rowlery 等（2000）从公司间关系治理与行为约束的角度，探讨了对公司行为约束的来源。Rowlery 认为，网络结构与关系都可以充当公司治理的代理，一种来源于彼此间的强关系，另一种来源于紧密网络。因为如果两个公司同属于一个紧密的网络，共属于一个圈子，那么紧密网络有利于组织规范的形成，频繁的互动促进了组织成员间的集体行为，成员不道德行为将迅速地传遍网络，从而让网络成员损失信誉。因此与强关系一样，紧密网络同样对网络成员的不道德行为与群体所不期望的行为的产生具有较强的抑制作用。基于此，Rowlery 认为，在紧密网络中发展强关系的伙伴属于公司关系治理方面的冗余，也即在稀疏网络中的强关系比在紧密网络中的强关系对企业的关系治理更有效果。Tiwana（2007）在对企业联盟的研究中发现，强关系有助于企业将创意实施下去，在执行力方面具有优势，而成为关系桥的弱关系在信息收集方面、创意的产生方面具有优势，因此在 Project 层次上，具有强关系的企业与具有弱关系的企业合作，将有利于克服两者行动的困难与信息的困难，有利于实现知识整合，从而提高企业的战略柔性。

不仅仅限于二元关系与网络结构之间的交互作用，还有很多学者探讨了网络结构之间，网络位置与二元关系之间对企业绩效的交互作用。Nerkar（2005）在其对企业间网络的研究中指出，个体中心性与结构洞这两种网络位置都将有利于个体的发明专利得到外界的引用。同时个体的中心性与专利应用的相关作用又受到个体结构洞位置的调节作用。Paruchuri（2010）同时考察了发明者在组织内部所占据的网络结构和所在企业在企业间网络中的位置，其研究表明，个体在企业内部网络中所处的中心性位置与其对企业的创新影响呈倒 U 形关系，同时这种关系又受到企业在企业间网络中所处的中心性与结构洞位置的调节。Soh（2010）在对企业联盟网络对企业竞逐行业标准的作用研究中指出，在紧密网络中处于中心性的企业将比在稀疏网络中处于中心性的企业更容易获得来自商业伙伴的支持与信息共享；同时与诸多商业伙伴具有较多互动关系的中心性企业，其在行业标准的竞赛中的表现要比那些没有互动关系的企业好。同时，企业中心性对创新绩效的影响受到互动关系数量的调节作用。伍晶等（2016）将结构嵌入性与关系嵌入性纳入到统一的研究框架内，探索网络嵌入性对联合风险投资信息优势的影响，研究表明，联合投资中的领导者可通过网络位置获取较好的信息搜索能力，以增强联合投资的信息优势，而跟从者普遍缺乏此能力，但依靠跟从者内部“领头羊”的异质性信息资源以及与投资对象之间的信息共享关系可以强化相应的信息搜索优势；此外，联合投资规模的增加也有助于弥补投资信息缺口。胡刘芬等（2017）研究发现，网络密度和网络位置均对社会网络与联合投资决策之间的关系起到调节作用，以社会交换为目标的联合投资行为降低了项目

的投资绩效。

综合以上分析可以看出，现有研究多从网络结构嵌入或关系嵌入单一视角展开，近年来开始有学者将两者整合起来，将其视为自变量来分析结构嵌入或关系嵌入或两者的交互对企业绩效的影响，缺乏个体属性的考虑，而将两者纳入一个整体框架作为调节变量，分析其在个体属性与企业绩效间关系的权变作用的研究更是少见，在风险投资领域甚至还是空白。

2.4 文献述评

在风险投资市场，高不确定性使得风投机构依赖联合投资网络获取竞争优势。然而现有研究论证了联合投资网络的结构嵌入与关系嵌入对风投机构投资绩效的重要意义时，却忽略了同一网络内风投机构网络能力的非均等性以及由此引发的绩效分化。联合投资网络不仅有助于风投机构筛选、评估与监督风险项目，并最终提高其投资绩效，还有助于创业企业通过获取各类资源取得长足发展，另外，对战略型新兴产业的发展也具有极大的促进作用。目前，尽管国内外学者已经从不同的视角、综合运用多种学科理论和方法在相关领域进行了大量的理论与实证研究，就联合投资网络的这些重要作用达成了共识，取得了丰硕的研究成果，但通过对现有相关研究文献的梳理，发现仍存在以下几方面的不足。

（1）关于联合投资网络与网络资源的研究方面，已有研究表明网络资源已成为企业竞争优势的重要来源，网络资源能够给处于网络中的企业带来网络特有的价值，进而提升企业竞争优势。风险投资市场中，高不确定性使得风投机构依赖联合投资网络借助联合伙伴的网络资源获取竞争优势成为必然，但能接触到网络资源并不一定会自动带来竞争优势的提升。作为影响企业提升竞争优势的静态因素，网络资源产生额外价值还有赖于网络能力这个影响企业竞争优势提升的动态因素。风投机构只有通过发展和管理联合投资网络，并激活网络中的资源，才能利用外部网络关系促进自身筛选风险项目、评估与监督风险项目、为风险企业提供增值服务等方面的能力的提升。但如何管理外部网络关系，借助网络能力的动态性激发网络资源的静态价值，以提升风投机构竞争优势的研究还不多见。因此，本书将以联合投资网络为研究对象，探讨风投机构如何利用联合投资网络获取网络资源，提升竞争优势，进而提高投资绩效的机理。

（2）关于网络能力与企业绩效关系的研究方面，虽然企业网络能力已引起学者们的高度关注，并从网络能力的内涵、构成、对企业绩效的影响等方面进行了大量研究，取得了系列成果，但直接研究风投机构网络能力的文献却十分少见。具体而言，已有研究存在如下不足：首先，尚未关注风投机构网络能力的内涵及构成的研究。其次，虽然网络能力对企业绩效的影响已引起学者们的广泛关注，但成果多数针对新创企业或高新技术企业的网络能力对企业绩效或创新绩效的研究，直接结合联合投资网络特征，分析网络能力对企业绩效的研究还不多见。本书认为，联合投资网络是风投机构之间因联合投资而建立关系，进而随着联合投资的广泛应用而形成的联合投资网络，嵌入在这样的网络中，风投机构自身获取、利用网络资源的能力影响着其投资绩效，但关于其对风投机构投资绩效的影响机理还处于空白状态。因此，本书拟结合联合投资网络特征，对风投机构网络能力的含义、构成及测度进行研究，并在此基础上深入揭示风投机构网络能力对投资绩效的影响机理。

（3）关于联合投资网络特征对投资绩效的影响研究方面，现有文献在分析联合投资网络嵌入机制对风投机构投资绩效的影响作用时，往往重视风投机构所在联合投资网络嵌入特征等因素，而相对忽视了作为网络嵌入主体的风投机构网络能力等自身属性可能给投资活动进而对投资绩效造成的影响。本书认为，联合投资网络内组织并非均等地享受到同样的资源，而是因其网络能力的不同表现出获取网络资源程度的差异，这也可能是产生风投机构绩效差异的重要原因。因此，本书拟结合联合投资网络嵌入特征，从风投机构

个体属性特征—网络能力的角度出发，研究其对投资绩效的影响。

(4) 关于网络嵌入对投资绩效的影响方面，还存在以下两点不足：首先，以往研究多将网络结构嵌入或网络关系嵌入视为自变量，来考虑对投资绩效的影响，未能考虑将网络结构嵌入与关系嵌入作为外部网络嵌入的调节变量，对诸如网络能力等个体属性特征对投资绩效影响的权变影响。其次，以往研究多从结构嵌入或关系嵌入单一视角切入，未能充分考虑网络结构嵌入、关系嵌入及其交互的系统影响，更未能结合联合投资网络进行针对性分析，从而难以对联合投资网络嵌入整体进行系统、深入的研究。本书认为联合投资网络为风投机构获取与利用网络资源提供了机会，网络资源的获取与利用取决于网络能力，网络能力的发挥因受到所在网络的结构嵌入与关系嵌入的共同约束与作用，也会产生差异化的绩效结果。因此，本书拟将联合投资网络结构嵌入与关系嵌入及其交互纳入到一个整体框架中，并作为调节变量，分别从联合投资网络结构嵌入、关系嵌入及其交互三个方面，系统探讨其对风投机构网络能力与投资绩效关系的调节效应。

综上，本书关注诸如网络能力等风投机构自身属性可能对风投机构投资绩效造成的影响，并分别探讨在网络结构嵌入和网络关系嵌入及其交互的不同特征下，风投机构网络能力对于投资绩效不同的影响机理。

2.5 小　结

本章从联合投资网络及网络资源影响、网络能力与企业绩效的相关研究、联合投资网络嵌入与投资绩效的相关研究三个方面总结和梳理了与本书直接相关的文献，为下一步的理论分析和经验检验做好了准备工作。

3 概念模型与理论分析

针对研究主题，本章首先界定了相关概念，并以相关社会网络理论为基础，结合联合投资理论，构建了本书的概念模型，并提出可检验的研究假设，为下一步的经验检验奠定基础。具体来说，本章内容从三个方面展开：首先结合研究主题对联合投资网络、网络资源、网络嵌入与网络能力等相关概念进行界定，并结合现有研究不足提出本书的概念模型，接下来依次从风投机构网络能力对投资绩效的影响，结构嵌入、关系嵌入及其交互对风投机构网络能力与投资绩效间关系的调节作用四个方面进行了理论分析，并提出了相应的理论假设。

3.1 相关概念界定

3.1.1 联合投资网络

联合投资网络属于企业网络的一种表现形式，关于企业网络，学者们从不同的角度给出了不同的概念，至今尚没有形成统一的结论，但多数学者认为企业网络是企业之间相互联结和合作制度化的关系网络，是特定企业之间拥有持续和稳定的关系模式（Foss，1996），企业之间通过这种关系网络进行资源交换、共同研发产品以及共享技术成果和服务（Gulati，1999）。企业网络的外在形式主要有集群、供应链、战略联盟等（Jarillo，1988；InkPen，2000）。

对于一个无论在理论上还是实践中都比较宽泛的概念，企业网络在早期的经济学视角下，主要是为了控制交易费用而出现的一种替代市场和企业层级组织的资源配置形式。如果将各类组织看成一个连续的图谱，图谱的两个顶端分别对应着纯市场与纯企业科层组织，介于二者之间的图谱中间的组织形态就是企业网络（Zenger & Hesterly，1997）。企业网络的这种“中间性组织”形式表现出互惠互利、互补与相关等性质（Powell，1996）。在资源观尤其是后来的社会网络理论的拓展与推动下，资源成为网络的分析单元，企业网络则成为网络成员有效获取资源的渠道与平台。

在风险投资市场，风投机构由于参与联合投资而形成网络，这种联合投资网络是企业网络的一种特殊形式。风投机构参与联合投资网络，能够使网络成员借助网络资源优势，整合内外部资源的规模和数量，有效帮助风险企业，提供更多更有价值的增值服务（Audretsch et al.，2006；Yavuz，2009）。

目前关于联合投资网络的概念学术界尚没有形成统一的共识，总体看，现有研究主要基于两种不同的视角和范围来认识联合投资网络。第一种观点将联合投资网络界定为风投机构间因共同投资于某一风险企业而形成的关系联结网络。第二种观点将联合投资网络视为一个以风投机构为中心，在风险投资过程中与风险企业、政府部门、金融机构等相关利益方因合作而形成的多重关系网络。由于风险投资具有不同于其他投资方式的显著特点：在风险投资过程中，风投机构处于核心地位，作为最活跃的投资主体，它们除了要向投资对象投入资金，还要向这些风险企业提供各类增值服务，以提高其成功率（Large & Muegge，2008）。所以，有些研究（如 Hochberg et al.，2007；Lindsey，2008）指出，联合投资网络应该是一种以风投机构为中心而搭建的关系网络，这种网络中蕴含着大量的对于扶持风险企业有重大作用的社会资本。

综上可以看出，现有研究关于联合投资网络概念认识还存在一些差异，这些差异主要表现在联合投资网络构成主体与联合投资网络范围两个方面。根据第一种观点，联合投资网络是一种风投机构间的横向合作关系网络。第二种观点认为联合投资网络不仅包括风投机构间的横向合作关系，还应该包括与风险投资相关的上下游纵向合作关系。本书认为，这两种观点本质上并不冲突，只是网络范围大小不同，第二种网络可以称为广义的联合投资网络，第一种可以称为狭义的联合投资网络，两者属于包含关系。

社会网络可以分为自我中心社会网络与整体社会网络两种形式（罗家德，2005）。其中，前者是指在网络中以核心行动者为中心，考察该行动者与其他行动者的关系所产生的影响（罗家德，2005）。风投机构间的联合投资也有两种。一种是广义联合投资，是指两家（含）以上风投机构对同一风险企业（项目）不同轮次进行的投资（Brander et al.，2007）；另一种是狭义联合投资，是指两家（含）风险投资公司在同一时期对同一项目的共同注资，即发生在同一轮的同时投资（Lockett & Wright）。本书从“自我中心网络”的角度，将联合投资网络界定为：风投机构与其他风投机构对同一项目在不同轮次、因联合投资而形成的以风投机构为中心的社会网络。

3.1.2 网络资源

风险投资运行过程始于风投机构从有限合伙人处筹集基金，并投资于有前景的新企业，通过收购、上市或其他退出方式，利用清算、变卖收获投资，最后分配原来的基金，并将大部分回报返还给有限合伙人。在这个过程中，风投机构的成功程度由其最大化有限合伙人的投资回报的能力测度，因为该能力直接影响着其未来的基金筹集。为了在未来的基金筹集中取得成功，风投机构利用自身的资源，最大化其投资回报。一般来说，风投机构的核心资源包括投资经验、资本规模、投资专业化程度以及自身在联合投资网络中的地位等（王育晓等，2015）。除了自身资源外，风投机构还可借助联合投资网络共用其他风投机构的资源（即网络资源）以提高对风险项目的筛选能力与增值服务水平。

首先，通过联合，单个风投机构通过在联合投资中占有一定的份额，花费少量的基金和时间，参与更多、更大的项目流。由于对一个联合投资管理付出的努力总量等于单独投资的努力总量，这种时间上的支出只需由联合中的一个成员执行即可，即主投，他的职责既包括管理投资也包括管理联合本身。这样，由于主投并不能从联合中获得与付出时间相应的收益，跟投只需要付出相当于主投在整个联合管理上付出的1/10的时间即可。由于风投机构的身份在主投和跟投之间可以转换，不管是在一个投资目标的联合还是所有联合之间，主投和跟投的收益与支出在联合投资组合中是平衡的，这样，风投机构能够拥有大量的风险企业，同时还能保持较高的效率管理这些投资。

其次，通过联合，风投机构能够投资于优质的风险项目。风投机构的项目流来源于两个：来自于风险企业的直接申请和其他风投机构发出的联合投资的邀请。由其他风险投资家发出的联合邀请是项目流的一个主要来源，因为这些邀请：①扩展了被邀请风投机构的机会集；②降低了筛选投资项目计划书的工作负荷，因为这项工作原本由邀请方在事前做的；③导致更好的决策，因为联合合并了大量投资者的技能来对投资进行评估。

综合以上两个原因，通过联合投资使得一个风投机构能够获益于它的联合伙伴的资源。通过跨组织合作关系获取的，并不被该机构所拥有或控制，但却能对绩效和机会做出贡献的这些资源，即为风投机构所能利用的网络资源。

3.1.3 网络嵌入

社会网络理论对行动者行为的解释主要关注两个方面：第一，关注网络中行动者所在网络的结构对其行为可能产生的影响；第二，关注行动者所在关系的社会背景，聚焦于关系内容对行动者行为可能产生的影响，这符合Granovetter（1985，1992）的嵌入思想，因此，本书将主要从“关系”和“结构”两个角度来分析风投机构网络嵌入特征。

3.1.3.1 网络结构嵌入

网络结构嵌入强调的是企业在整个网络结构中所处的位置，属于一种网络成员间的非正式关系，有助于成员间的信息传递及扩散，它主要涉及社会网络的非人格化方面（谢洪明等，2014）。结构嵌入研究不仅强调网络的整体功能与结构，还注重成员在网络中所处的位置。总体来说，结构嵌入的研究重点是网络的密度、企业在网络中的位置对企业的行为和绩效的影响。

网络密度是指行为主体之间的直接连接数量占所有可能连接数量的比例，反映的是网络内各连接节点间关联的紧密程度（刘军，2007），强调的是网络中各节点（连接主体）被强的第三方联系所围绕的情况（Burt，1992；Reagans，2003）。围绕联结双方的第三方联系越多，网络密度越高，嵌入程度越高（朱亚丽等，2011）。根据网络密度大小，一般可分为密集网络和疏松网络。网络位置是个体在社会网络中所处的位置，通常与个体的社会地位、声誉、职位和面子息息相关，主要刻画个体获得资源的可接近性。根据个体在社会网络中地位的高低，可分为高网络位置与低网络位置。

根据现有研究成果，并结合联合投资网络特点，本书将网络结构嵌入界定为联合投资网络中风投机构间的非正式联结关系，以及风投机构在整个联合投资网络中所处的位置，将主要用网络密度和网络位置来刻画联合投资网络的结构嵌入特征。其中，网络密度是指联合投资网络中风投机构之间的直接联系占所有可能连接的比例，用来刻画联合投资网络中风投机构之间相互连接的程度，风投机构间的连接越多，网络密度就越大，并根据网络密度大小，将联合投资网络分为密集网络和疏松网络。网络位置是指风投机构在联合投资网络中所处的位置，通常与风投机构的社会地位、声誉、职位和面子息息相关，主要刻画风投机构获得资源的可接近性。并根据位置高低，将其分为高网络位置的风投机构与低网络位置的风投机构。

3.1.3.2 网络关系嵌入

网络关系嵌入是指交易双方对合作方的需求和目标的重视程度，以及交易双方之间的相互信任、信赖和信息共享程度（谢洪明等，2014），是网络参与者之间在互动过程中所建立起来的相互联系的二元交易关系，反映交易双方之间相互理解、信任的程度，一般用联系强度、联系频率和联系持久性来测量，刻画了成员之间的理解、信任、承诺、互惠性等关系特征，主要涉及社会网络的人格化方面。关系嵌入的研究主要强调网络成员间直接联系的二元关系，注重分析二元关系的强弱程度（赵辉和田志龙，2014）。根据关系强度不同，一般可分为强关系网络和弱关系网络（彭新敏，2009）。

根据现有研究成果，本书将风投机构网络关系嵌入界定为联合投资网络中，风投机构之间在联合投资过程中对风险项目的筛选、评估、监督、增值服务等过程中，所建立起来的相互联系的二元交易关系，用以刻画双方之间的相互信任、信赖和信息共享程度。本书主要用关系强度刻画联合投资网络的关系嵌入特征。关系强度是一个连续的变量（Granovetter，1973），具有不断弱化或强化的特征。同时，根据关系强度大小将联合投资网络划分为强关系网络、弱关系网络。

联合投资网络中，弱关系网络的特征表现为风投机构间以往未曾有过合作的经验，这些机构可能来自不同的行业或地区，它们之间也没有其他比较亲密的个人关系。例如，基于某个行业或地域热点的投资可能会吸引大量来自不同行业或地域的风投机构的聚集，但它们之间几乎没有合作经历，表现为弱关系网络状态（Sorenson et al.，2008）。而强关系网络的特征表现为风投机构之间以往有过合作经历，它们多来自相似的行业或地区，它们之间因合作而形成了一定的信任。例如，风投机构在选择伙伴进行联合投资时，一般会寻找曾经有过合作经历的其他风投机构进行合作，这些风投机构形成的联合投资网络就会呈现出强关系网络的特征（Podolny，1994；Mizruchi et al.，2001）。

3.1.4 网络能力

联合投资网络为风投机构利用自身内部资源与其联合伙伴外部资源获取竞争优势提供了机会，但网络内成员机构对资源的获取和对信息的采集并非

均等，成员机构的绩效因此也会产生差异。那么，影响风投机构获取更多网络资源的因素是什么呢？根据企业资源观的观点，资源是决定竞争优势的静态因素，而能力决定了资源的运用和利用。因此本书认为，网络能力的大小决定了风投机构从联合投资网络中摄取的网络资源总量（Sarkar et al.，2009），以及竞争优势的大小，故将风投机构网络能力定义为风投机构在联合投资网络中所采取的感知先动、配置利用网络资源并协同自身内部资源行为，以降低投资风险、提升项目质量、提高投资绩效进而获得竞争优势的一种能力。其目标是识别、获取、配置和利用这些网络资源以获取联合投资网络带来的价值，进而形成相对于其他风投机构的竞争优势。因此可将其划分为两个维度：网络资源感知先动能力、网络资源配置利用能力（王育晓等，2015，2017）。

3.1.4.1 网络资源感知先动能力

网络资源感知先动能力是指风投机构通过积极地扫描、探索风险投资市场环境的方式，察觉到以前未被认识到的风险项目机会，先于竞争者识别自身所需的由现有的或潜在的联合投资伙伴拥有的网络资源的能力。该能力包含两层含义：①网络资源感知，是指风投机构感觉风险投资市场环境的变化、了解风险企业需要的市场响应能力；②网络资源先动，是指风投机构通过对潜在合作伙伴网络资源的评估判断，先于竞争者与其建立关系的能力（Sarkar et al.，2009）。该能力主要衡量风投机构管理联合投资网络联结范围与联结密度的才能，包括搜寻与识别、评估和选择联合投资伙伴。伙伴搜寻与识别指的是搜索、识别出那些能够提供有价值信息的风投机构，并积极吸引它们成为自己的伙伴。伙伴评估是指通过科学的方法有效地选择伙伴（Hagedoom et al.，2006），使得风投机构可以将有限的精力放到维持那些能够提供有价值信息的冗余联结上（Burt，1992）。总之，这种能力有助于风投机构建立并管理网络，使该网络拥有充足的联合投资伙伴和大量而非冗余的联结，成为风投机构获取风险项目信息的重要渠道（方刚，2011）。

3.1.4.2 网络资源配置利用能力

网络资源配置利用能力是指风投机构借助外部网络资源补充或扩大组织内部资源范围的能力，即风投机构通过建立与伙伴间的联结关系，将自身内部资源与伙伴网络资源进行不同资源间的互补性、同类资源间的累积性和相似性匹配，使它们互相匹配、相互补充产生协同作用以获得独特竞争力的能力。该能力包含两层含义：①网络资源配置，是风投机构在风险投资运行过程中，结合具体风险项目特点，将能与自身资源尤其是知识资源进行匹配的行为。②网络资源利用，是风投机构对联合伙伴经验、知识的获取和吸收的能力，包括对风险项目的筛选、评估、监督与提供增值服务等有关的经验教训的传播和风投机构内部对这些经验教学的反应（任胜钢，2010）。另外，该能力也反映着风投机构管理联合投资伙伴间规范差异的才能，帮助风投机构建立联合投资伙伴间的集体规范和共享价值系统。这种能力通过建立为联合投资伙伴所接受的标准或规程，发展与对方兼容的管理模式，来减小合作双方由于不同的组织背景和文化带来的消极影响，以更好地提高资源的利用效率（方刚，2011）。

3.2 概念模型构建

获取高额投资回报是风投机构投资风险项目的终极目标，随着社会网络理论与方法的发展与完善，如何运用联合投资网络优势提升风投机构的投资绩效，成为风险投资行业理论家和实践界关注的热点问题之一。现有相关研究，学者们多基于社会嵌入理论，从结构嵌入和关系嵌入两个视角，重点揭示网络嵌入外部特征对风投机构投资绩效的影响（Granovetter，1985）。但实际上，诸如网络能力等个体属性也影响着企业社会网络为个体所提供的机会能否转化为个体绩效，同时，个体能力的发挥因受到所在网络的约束，也会

产生差异化的绩效结果。

3.2.1 联合投资网络为风投机构获取网络资源提供了渠道

获取网络资源是风投机构参与联合投资的主要动因之一，也是学术界的研究热点。风险投资中的资源包括资金资源与非资金资源两类，后者又包括专业知识、社会关系和信息等多层面资源。联合投资可以在多个层面的资源上弥补自身劣势，利用其他成员优势从而更好地实现预期的投资目标。风险投资机构所投资项目一般周期很长，所需资金规模一般都很巨大，经常超过单一风投机构的资金量（王育晓，2013）。为解决自身投资资金的不足或更好地满足风险企业发展过程中对资金的需求及其后续融资的需求，风投机构通常会采用联合投资，借助联合投资伙伴的力量，来解决自身资金不足的问题（James & Brander，2002），Deli 和 Santhanakrishnan（2010）的研究证实了这一观点，他们的研究结果表明，风险投资借助联合投资可以获得更多的人力资本和资金，突破自身单独投资时的资源限制。除了资金资源之外，非资金资源在投资项目的识别、评估、投资后的监督和增值服务提供等方面起着至关重要的作用，而联合投资可以补充和强化这些资源的利用（Bygrave，1987；Florida & Kenney，1998；Hopper，2008，2010a 和 2010b），这也被 Wstkins（2010）的研究所证实，该研究通过对 30 家英国风投机构一般合伙人的深度调查与访谈，发现风投机构为获得更多的互补性知识、跨地域知识和专业知识，往往会选择大型跨国公司搭建各类合作关系。

联合投资网络为风投机构选择联合伙伴，获得互补的知识、经验、专业技能等网络资源提供了平台。风投机构的选择：第一，与资源异质性的伙伴进行联合。由于风险投资的多元化需要大量不同的资源与技能，而异质性的风投机构能够相互提供不同的技能，拓展联合风险投资的可得技能和资源的范围，进而提高投资绩效，因此拥有异质性资源的伙伴受到青睐（Trapido，2007；Thomas et al.，2010；Du，2009；Hochberg et al.，2011；王育晓，2013）。第二，与资源同质性的伙伴进行联合。由于风投机构常常只在项目被其信任的伙伴充分评估后，才参与联合投资，而信任产生的前提是和与其自身有相似属性和经验的其他风投机构合作，因此，风投机构往往更依赖于同质性机构对项目的判断来决定是否进行投资（Gompers & Lerner，2004；Cestone et al.，2007；Sorensen，2008）。第三，根据伙伴资源的不同维度属性特征进行资源匹配组合决策。比如风投机构会在诸如规模、影响和地理分布方面选择与自身具有异质性特征的机构，而在投资行业和投资阶段特征等方面选择与其自身具有相似性特征的伙伴（Bubna，2011），也可以从同类资源间的累积性匹配和相似性匹配方面（王育晓等，2015）、不同资源间的互补匹配方面选择联合伙伴来获取资源（王育晓，2013）。

3.2.2 网络资源（价值）的开发与利用取决于网络能力

联合投资网络，为风投机构构建了网络资源（Sarkar et al.，2009），成为风投机构获取竞争优势的来源，但因个体能力属性的差异也会导致成员机构对资源的非对称获取和对信息的差异化采集，进而对成员机构的战略行为和绩效产生显著的影响。

风投机构借助联合投资网络取得的绩效同时取决于联合投资网络中的共同价值与私有价值（Lavie，2007）。其中，共同价值来源于伙伴成员贡献出各自的资源，由这些资源的协同而产生，协同效果取决于信息交换和联合行动两种合作机制。私有价值，是指每个伙伴能从联合投资关系所创造的总价值分配得到的比例部分，是代表每个伙伴所能获取的网络价值创造的最大数量（Ryall & MacDonald，2004），来源于风投机构将由联合投资关系而得的知识或资源与自身内部业务进行关联，或在联合投资网络中与其他风投机构的资源进行组合以及识别及占据伙伴之间结构洞的能力。

网络成员既可能为了创造集体共有的共同价值而展开合作，同时又为实现自身的最大权益而展开竞争（Khanna et al.，1998）。那么影响风投机构获取更多网络资源价值的关键因素是什么？根据资源观可知，与企业竞争优势相关的资源，作为静态因素，其本身并不能产生价值，其价值的体现取决于

企业网络能力的发挥。本书认为，网络能力对上述两条途径都有直接作用，并且网络能力的优劣决定了风投机构从联合投资网络中摄取的网络资源价值总量和比例（Sarker et al.，2009），以及竞争优势的大小。

3.2.3 网络能力的发挥受网络嵌入特征的影响

网络能力的大小决定着风投机构获取、利用网络资源的水平，但网络资源水平受制于联合投资网络嵌入特征的影响。

首先，网络资源水平因网络结构或关系特征不同而不同（见图 3.1）。图 3.1(a) 是双边网络，其中只有两家风投机构（A 和 B）。由于这两家机构都仅有一个合作伙伴，所以拥有的联结范围与密度是相同的，具有相同的网络结构资源。另外，这两家机构只能彼此互相将对方作为自己沟通的对象，所以它们所控制的关系资源水平也是相同的，同时，又因为这个双边网络结构中缺乏中心性位置，所以它们都无法获得位置资源。

而在图 3.1(b) 的三边网络中，有三家风投机构（A、B 和 C）。机构 A 处于机构 B 和机构 C 之间，拥有中间中央性（Salman & Satves，2005）。在这种情况下，相比另外两家机构 B 和机构 C，机构 A 拥有的联结范围与密度更大，所以机构 A 控制的网络结构资源相对更多。在机构 A 与机构 B 之间，如果仅考虑与对方的关系的话，它们均匀分享了它们之间的关系资源。另外，机构 A 因在该网络中处于中间的中心位置，而机构 B 和机构 C 在该网络中不具有任何中心性，所以最终机构 A 拥有了该网络中的所有位置资源。由以上分析可以清楚地看出，在这个三边网络结构中，相比于其他合作伙

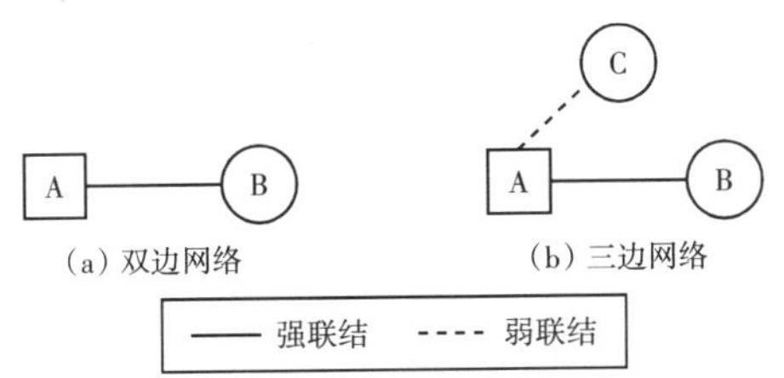

图 3.1 双边网络与三边网络中的网络资源

伴，风投机构 A 拥有着相对更多的网络资源。这个分析过程及分析结论可以推广到多边或更为复杂的网络中，也就是说，联合投资网络中任何一家风投机构所享有的网络资源并非均匀，这种程度将随着风投机构数量的增加而加剧。综合以上分析可以认为，在联合投资网络中，各个风投机构接触到的网络资源并非是相等的，可接触的资源水平受制于网络的结构嵌入与关系嵌入特征。

其次，网络结构嵌入与关系嵌入之间可能存在的交互作用也会产生差异化影响。比如结构洞是否产生社会资本将依赖于网络关系，不同的关系类型影响着结构洞的作用，对于网络关系呈现着资源与信息这类内容的结构洞有助于个体绩效的提升，对于网络关系表现为身份与期望的结构洞则不利于个体绩效的提升（Podolny & Baron，1997）。Mizruchi 等（2011）在对一家商业银行中职员的网络与绩效的关系研究中发现，在咨询网络中，强关系与稀疏网络的结合对个体绩效影响最大；而在社会支持网络中，关系强度对个体绩效的影响随着网络密度的增大而增大。综上，可以得出结论：作为社会网络研究的结构主义学派与关系主义学派的两大重要内容，网络结构嵌入与关系嵌入两者之间存在相互影响，因此，在分析网络结构嵌入与关系嵌入对个体的影响时，不应该相互割裂，而应该将二者进行整合，考虑其交互作用可能产生的影响。

因此，结合前文研究背景和文献综述，本书关注诸如网络能力等风投机构自身行为可能对风投机构投资绩效造成的影响，并分别探讨在网络结构嵌入和网络关系嵌入及其交互的不同情景下，风投机构网络能力对于投资绩效不同的影响机理。具体概念模型如图 3.2 所示。

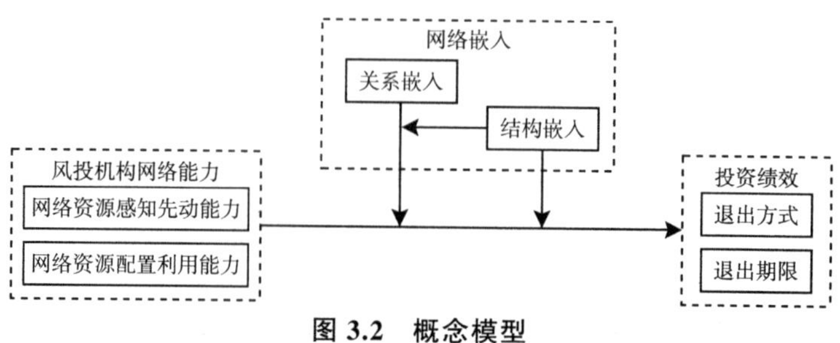

图 3.2　概念模型

3.3 网络能力对投资绩效的影响

3.3.1 网络资源感知先动能力与投资绩效

从风险投资运作过程看，项目选择集合越大，项目评估与监督质量越高，增值服务水平越好，高额的投资回报越可能实现。出于下列原因，本书认为，网络资源感知先动能力强的风投机构更容易借助丰富的网络资源，扩大项目选择集合，提高项目评估与监督质量，提升增值服务水平，进而提高投资绩效。

3.3.1.1 网络资源感知先动能力有利于扩大项目选择集合

首先，网络资源感知先动能力强的风投机构能够了解和掌握更多的关于投资机会的信息，有利于扩大项目选择范围。联合投资网络的一个重要功能是信息传播与扩散（党兴华等，2011），有关投资机会方面的信息是其中的一项重要内容。因此，了解和掌握投资信息成为首要任务。由于投资机会在时空分布上的非均匀性，不同风投机构所掌握的有关投资机会的信息往往是不同的。即使多个风投机构所了解和掌握的信息是同一个投资机会，但不同风投机构对投资机会的了解和掌握也存在时序上的差异。而网络资源感知先动能力强的风投机构凭借其强大的市场信息感知能力与寻找各类潜在合作伙伴并与之建立联结的能力，往往具有“先行者”优势，能够先于竞争者获得有效的投资机会的信息。

其次，网络资源感知先动能力强的风投机构更有可能获得其他风投机构的“回报”，从而扩大项目选择集合。已有研究表明，风投机构间因以往的合作会表现出比较强的相互性。也就是说，如果风投机构曾经邀请其他风投机构联合投资过优质的风险项目，那么当其他风投机构发现有前景的风险项目时，作为回报，也会邀请该机构共同投资（Sorenson et al.，2008；Keil et al.，2010）。对于那些希望通过联合投资网络扩大自身内部资源的风投机构来说，伙伴市场空间是其重要的战略要素。对伙伴网络资源选择的先动性可能造成先发收益，使得此类风投机构能够在伙伴空间中获得优势地位。尤其在伙伴供应短缺的情形下（Gomes-Casseres，1996），由于联合投资激增，使得优势伙伴被抢占完后，这种对于伙伴空间中有价值的、稀缺的资源的先行获取就成为一种战略优势（Heide，1994）。拥有这种空间的风投机构在未来的联合投资机会中，将成为有吸引力的伙伴。而且，在搜寻网络资源时由于勤奋而产生的先动也可能导致与伙伴更好的关系。由于相互性机制的存在，网络资源感知先动能力强的风投机构可以获取到更多的投资机会，从而扩大了项目选择集合。

3.3.1.2 网络资源感知先动能力有利于提升项目评估与监督质量

了解和掌握了有关投资机会的信息以后，风投机构下一步需要做的工作便是对风险项目进行评估。在对风险项目进行评估的时候，风投机构需要面对和解决两个主要问题：信息不对称和不确定性（Gompers & Lerner，2004）。这种信息不对称性可能会导致逆向选择问题的出现，即为吸引投资并提高风险项目的估值，风险企业家有时会过高评价项目吸引力。不确定性来源于风险项目的内在特点。风险项目大多是处于发展初期乃至于萌芽阶段的高科技项目，这些项目的技术前景和商业化前景必然具有高度的不确定性。

另外，信息不对称的问题不仅存在于项目选择与项目评估过程中，也存在于投资后。投资于风险项目后，风险企业家可能会追逐自身利益或降低努力程度，从而伤害风投机构的利益，出现所谓的委托代理问题，也即风投机构面临道德风险。通过阶段投资（Gompers，2004），控制权分配等契约设计可以缓解风险投资家与风险企业家之间的代理问题（Hellmann，1998），但却不能完全消除委托代理带来的利益冲突。因此，风投机构需要监督所投资项目以维护自身的利益。比如说，风险投资家会经常性地光顾投资项目以监

督项目的进展并收集必要的信息（Gorman & Sahlman，1999），以及在风险企业的董事会中占据席位等（Kaplan & Strömberg，2000，2004）。

出于下列原因，本书预期网络资源感知先动能力强的风投机构可以更为有效地解决上述问题，从而提高项目评估效率与监督质量，选择高质量的风险项目作为投资对象。

首先，网络资源感知先动能力强的风投机构可以获得更多的“第二者意见”，从而有助于风投机构降低风险项目的不确定性，缓解因信息不对称所造成的逆向选择问题，提高项目评估决策的效率。因为联合投资网络具有扩散和传播有关风险项目及风险企业家信息的功能，比如传递风险项目的技术可行性、革新性以及风险企业家管理能力、人格特征等方面的信息。风投机构降低风险项目不确定性的一个重要举措便是咨询和参考所谓的“第二者意见”，也即通过考察其他风投机构对风险项目的投资意愿来评判项目本身的不确定性（Lerner，1994）。由于不同风投机构对同一个风险企业家和风险项目所掌握的信息范围不同、侧重点不同，网络资源感知先动能力强的风投机构有可能从不同的风投机构那里获取到多样化的、非重复的信息，可以从多个角度去评估风险企业家和风险项目。这一点对于风投机构尤其重要，因为任何特定的风投机构都可能会受限于自身的投资经验、评估技巧等方面的限制，无法从多个视角全面评估风险项目。借助于不同风投机构所带来的多样化信息，有可能会克服自身局限所造成的限制。网络资源感知先动能力强的风投机构有机会获取到更多的“第二者意见”，并根据获取到的“第二者意见”评判风险项目的不确定性：若其他风投机构中的大部分都对潜在的风险项目有联合投资倾向，则表明该风险项目的不确定性小；若其他风投机构中的大部分对潜在的风险项目都没有投资倾向，则表明该风险项目的不确定性大。通过这种“第二者意见”，网络资源感知先动能力强的风投机构可以有效地降低风险项目的不确定性，提高项目选择决策的效率。

其次，网络资源感知先动能力强的风投机构更可能利用信息优势，解决信息不对称问题，缓解道德风险，提升项目监督质量。委托代理问题和道德风险根源于风投机构与风险企业家之间的信息不对称，因而解决这一问题的最直接和最重要的途径是获取更多的有关风险企业家和风险项目的信息。网络资源感知先动能力强的风投机构有更多的信息源，也意味着其有可能获得更多、更全面的有关风险企业家和风险项目的信息，可以有效缓解事后信息不对称所导致的代理问题和道德风险（Sorenson & Stuart，2001）。

最后，网络资源感知先动能力强的风投机构更容易获得非冗余信息，解决信息不对称问题，缓解道德风险，提升项目监督质量。由于存在于风投机构与风险项目之间的事后信息不对称，风险企业家可能会追逐自身利益或降低努力程度，风投机构面临所谓的道德风险。从本质上看，道德风险根源于风投机构与风险企业家之间的信息不对称，因而解决这一问题的最直接和最重要的途径是获取更多的有关风险企业家和风险项目的信息。而网络资源感知先动能力强的风投机构可以获取到更多的非冗余信息，也就更有可能获取到有用的信息。基于此，可以预期资源感知先动能力强的风投机构可以更为有效地对风险项目进行监督，从而降低其自身所面临的道德风险。

3.3.1.3 网络资源感知先动能力有利于提升增值服务质量

投资于风险项目后，风投机构所扮演的角色不仅仅是监督者，还有一个角色是增值服务的提供者。风投机构为风险项目提供各种类型的增值服务是风险投资区别于其他类型投资的一个显著特征。基于如下原因，可以预期网络资源感知先动能力强的风投机构会为风险项目提供数量更多、质量更高的增值服务。

首先，网络资源感知先动能力强的风投机构有机会获取到更多资源为风险项目提供增值服务。风投机构为投资项目提供增值服务需要资源，但任何一个风投机构的资源都是有限的。由于联合投资网络的一个重要功能是资源获取与资源共享，因而网络资源感知先动能力强的风投机构可以通过借助大量的伙伴或潜在合作伙伴获取自身所需的资源，并根据风险项目的需要提供恰当的增值服务。比如，为风险企业选择恰当的战略合作伙伴对风险企业的成功具有重要作用（Lindsey，2008），但选择恰当的战略合作伙伴并不是一

件很容易的事情，往往要受到多方面的限制，因此风投机构大多依赖其合作伙伴来实现这一目的。在这种情形下，相比于网络资源感知先动能力弱的风投机构而言，网络资源感知先动能力强的风投机构有更多的合作伙伴，也就意味着有更多的渠道为风险项目寻找到战略合作伙伴，寻找到恰当战略合作伙伴的可能性要大很多。

其次，网络资源感知先动能力强的风投机构有机会获取到更多异质性资源为风险项目提供增值服务。网络资源感知先动能力强的风投机构不仅有机会获取到非冗余信息和异质性知识，同时有机会获取到异质性的资源（Rodan，2010）。风投机构为投资项目提供增值服务需要资源，尤其是异质性资源。然而，如果风投机构从合作伙伴那里获取到的资源都是同质性资源，那么就有可能导致资源的重复与浪费，并不一定能够有效地提升其增值服务能力。网络资源感知先动能力强的风投机构更有可能避免这一点。由于网络资源感知先动能力强的风投机构可以从大量的没有合作关系的合作伙伴那里获取到资源，又由于没有合作关系的风投机构间资源重复的可能性较小，因而网络资源感知先动能力强也就意味着越有机会获取到异质性资源。因此，网络资源感知先动能力强的风投机构更有可能从合作伙伴那里获取到有用的资源，更有可能为风险项目提供高质量的增值服务。

最后，网络资源感知先动能力强的风投机构更有可能吸引到其他市场主体为风险项目提供高质量的增值服务。前文曾指出，由于风险项目内在的信息不对称性和高度不确定性，其他市场主体很难确知风险项目的真实品质。在这种情形下，其他市场主体往往通过观察风投机构的特征来确定风险项目的品质。由于联合投资网络具有信号发送的作用，而且网络资源感知先动能力强的风投机构更有可能选择到高质量的风险项目作为投资对象，因而其他市场主体往往会认为由网络资源感知先动能力强的风投机构所投资的风险项目是高质量的风险项目，因而更有可能得到其他市场主体的认可。这种认可的表现是多方面的，比如更有可能得到潜在用户的认可，更有可能得到会计师事务所、律师事务所、投资银行等中介服务机构的认可，更有可能得到其他风投机构的认可，更有可能得到其他企业的认可，等等。这些其他市场主体的认可是至关重要的。获得认可的风险项目的产品更有可能顺利上市，更有可能获得其他风投机构的下一轮资金支持，更有可能在中介服务机构的帮助下发展成熟，更有可能寻找到恰当的战略合作伙伴。

综合以上分析可以看出，网络资源感知先动能力强的风投机构可以扩大项目选择集合、提高项目评估效率、加强对项目的监督以及增强对项目的增值服务。由于上述四项内容是提高投资绩效的四个最主要的途径，因而本书提出如下研究假设：

假设 1a：风投机构网络资源感知先动能力越强，投资绩效越好。

3.3.2 网络资源配置利用能力与投资绩效

从风险投资过程看，无论是投资前的项目筛选、尽职调查、项目评估，还是投资后的项目监督与为风险企业提供增值服务等，都需要风投机构具备宽厚的知识基础，风投机构投资绩效收益既来自于知识深度，即知识专业化，也来自于知识宽度，即知识多样化。在联合投资网络中，风投机构可以通过不断的联合投资活动获取并利用联合伙伴的知识资源，增强自身在筛选投资项目、评估投资项目、监督投资项目和增值服务等方面的相关能力（De Clercq et al.，2007）。基于下列原因，本书预期网络资源配置利用能力强的风投机构更可能借助网络资源，通过提升其知识专业化来提高学习和知识应用效率，通过扩展知识多样化来提升适应性和灵活性，从而提高其投资绩效。

3.3.2.1 网络资源配置利用能力有利于提升风投机构知识专业化水平，提高其学习和知识应用效率

组织在某一领域或行业的持续行为和经验创造了该领域的深度知识，这些知识反过来强化了组织在该领域的学习能力，提升知识应用效率（Cohen，1990）。单一的领域或行业，协调成本也低，成为竞争优势的一个关键来源（Grant，1996）。网络资源配置利用能力强的风投机构更可能从联合投资网络中不断地获取伙伴的知识，自身或伙伴机构对某行业、某地区的持续投资，

赋予其在该行业更丰富的专业化知识与经验，并在以后的项目筛选、项目评估、项目的监督管理、提供增值服务的机会中彰显出其专业化的竞争优势，进而提升其退出绩效（党兴华等，2011，2012）。基于下列原因，本书预期网络资源配置利用能力强的风投机构，能更好地借助伙伴知识资源，提升其知识专业化深度，进而提高其学习和知识应用效率。

首先，借助网络资源所积累的知识专业化有助于提升风投机构对新获取的信息的综合理解（Cohen，1990），提升其消化新获取的信息的能力，扩大知识库（Zollo & Winter，2002），提升其新、旧知识之间的耦合水平和知识基的编码水平，进而增强其整合新知识的能力（Van et al.，1999），解决更为深入的问题。具体来说，一方面，风投机构的投资活动会分布在不同的行业，各个行业在市场空间、竞争态势等多个方面都存在显著不同，因此不同行业中的风险企业也在一定程度上存在着根本差异；另一方面，风投机构的投资活动还可能会分布在不同的地域，各地域在市场供给、基础设施、创业环境等各个方面也存在显著不同。因此，在面向不同地域的投资对象进行投资时，风投机构面临不同程度的信息不对称问题。当风投机构与具有相似行业或地域投资经验的风投机构合作时，风投机构与其伙伴在该行业或地域投资所积累的知识专业化深度加强。这些既包括某一行业在市场空间、竞争态势的知识，又包括当地的市场状况、当地创业团队行为方式、价值倾向等要素的知识，使得风投机构能够更好地评估投资对象风险项目的可行性和成长性，有助于风投机构降低与潜在投资项目之间的信息不对称，使风投机构更有能力判断投资项目所在行业或地域的机会、更有效地评估投资项目的创新能力、发展前景等；基于以往丰富的投资经验，在投资之后，更好地监督投资项目的经营行为，更加有针对性地为投资对象提供增值服务，并更好地监督投资对象的经营行为，从而更有利于风险企业的成功退出。

其次，借助网络资源所积累的知识专业化有助于降低知识转移与整合成本（Grant & Baden-Fuller，2004；Simon，1991），促进知识共享与消化吸收。由于不同领域之间的知识转移需要隐性知识编码和转移的具体规则

（Kogut & Zander，1992），风投机构更可能有效地利用相同性质的知识（Ahuja & Katila，2001；Rosenkopf & Nerkar，2001），知识越相似，协调成本越低，知识被利用的效率就越高，所以相比不同行业或地域之间的知识转移，某一具体行业或地域的专业化知识更容易共享。与具有相同行业或地域投资经历的风投机构合作进行联合投资，由于经验相似，风投机构间沟通协调更为容易，更容易共享与消化吸收在相同行业或地域投资所积累的知识，提高学习与知识应用效率，进而提升对风险项目的评估决策效率。

3.3.2.2 网络资源配置利用能力有利于扩展风投机构的知识多样化，增强其灵活性与适应性

相比于知识专业化，知识多样化虽难以达到专业化中的学习和知识应用效率，但多样性的知识是组织提高机会识别能力和知识吸收能力的重要来源，知识基础范围在很大程度上决定了组织外部知识搜索的空间（Cantwell & Hang，2011）。具体来说，当风投机构试图进入新行业进行投资时，在新行业直接投资经验的匮乏使得该机构面临与该行业投资对象较严重的信息不对称问题，风投机构缺乏直接知识来评估行业前景和投资对象的发展潜力；在投资之后，风投机构也面临难以有效监管投资对象并提供有价值的增值服务的困境。同理，当风投机构试图进入一个新的地域进行投资时，由于缺乏对当地投资活动的相关知识，风投机构也会面临与投资对象较严重的信息不对称问题，难以有效地评估投资对象的创业活动以及进行有效的投后监督和服务。当风投机构与来自不同行业或地域投资经验的风投机构进行合作时，有助于提升风投机构在新行业或新地区投资所积累的知识多样化广度。这些既包括不同行业在市场空间、竞争态势的知识，又包括不同地域的市场状况、不同地域创业团队行为方式与价值倾向等要素的多样化知识，使得风投机构在风险项目投资上具有更大、更广的影响（Quintana-Garcia & Benavides-Velasco，2008），可以跨越不同行业或地域，增加灵活性，提升适应能力。基于下列原因，本书预期网络资源配置利用能力强的风投机构，更能借助伙伴知识资源的多样化，提升其知识宽度，进而增强其适应性与灵活性。

首先，借助网络资源所积累的知识多样化有助于扩大风投机构解决复杂问题方法的选择集合（Ahuja & Katila，2001；March，1991），提升其解决复杂问题的能力，更好地解决风险企业发展过程中不断出现的问题（Gavetti et al.，2005）。在新问题或新挑战不断涌现的创业环境中，多样化知识存量为风投机构提供了更多的知识来源，知识潜在的新组合数量也随之增加（Fleming，2001），这些为风投机构对风险项目的筛选、评估、监督及提供增值服务奠定了深厚的基础，并最终产生积极的绩效效应（Gavetti et al.，2005）。

其次，借助网络资源所积累的多样化知识存量有助于提升风投机构引导风险企业向多种轨道发展的能力，增加风险企业成功的可能性。当与来自不同行业或地域投资经验的风投机构进行合作时，将会使风投机构拥有的知识越来越多，知识的异质性就越强，这些异质性知识对于风投机构解决非常规问题十分必要。更多的知识来源，意味着风投机构拥有拓宽多个行业的知识存量，能够使风投机构产生更多的新想法和刺激新思维，使得风投机构引导风险企业向多样化轨道发展的能力更强，进而更适合指导风险企业向着更适应其能力的市场发展，而不是试图指导该企业朝着其专长的领域发展。这样，随着风投机构知识存量多样化程度的增加，风投机构的适应性和灵活性也就增强，其指导风险企业到多样化轨道的能力也就相应增加，风险企业成功的可能性也就相应增加，风投机构成功退出的可能性也就越大。

基于上述分析，本书提出如下假设：

假设 1b：风投机构网络资源配置利用能力越强，因深度的知识专业化而提升的学习和知识应用效率越高，因宽度的知识多样化而提升的适应性和灵活性越好，其投资绩效就越好。

3.4 网络嵌入对网络能力与投资绩效关系的调节作用

3.4.1 结构嵌入的调节作用

3.4.1.1 网络密度的调节

网络密度是网络研究中描述网络结构属性的重要变量之一，是指网络中风投机构之间相互连接的程度，是影响风投机构行为及效果的重要因素（谢洪明等，2011），风投机构间的连接越多，网络密度越大。网络根据密度大小可分为密集网络和疏松网络。疏松的社会网络通常在参与者和所涉及的信息量方面均具有较大范围（Grannovetter，1973）。疏松网络更多地影响着组织资源与能力积累的范围广度（Burt，1997；Acquaah，2007；Hoffmann，2007）。疏松网络中，由于存在着结构洞效应，组织可在相应结构洞中建立其经济人地位，通过广泛的信息桥接与获取来取得伯特租金（Kogut，2000）。结合风险投资的运作过程中对信息及资源的需求特点，基于下列原因，本书预期处于疏松的联合投资网络中的风投机构可以借助结构洞优势，获得大量的异质性信息与资源，有利于风投机构网络能力的发挥，进而提升投资绩效。

疏松的联合投资网络中风投机构更容易获得多样化的异质性信息与资源。疏松的联合投资网络中，风投机构可以通过相对松散的间接联结将更多的节点纳入到网络之内，利用联合投资网络的信息扩散与传播功能，借助信息传导中的主控地位获取波特租金—非冗余信息，这些信息不仅有助于风投机构识别出有潜力与发展前景的风险项目，还可以帮助风投机构正确选择有合作价值的潜在合作伙伴（Granovetter，1973；Burt，1992）。也就是说，疏

松网络内，网络成员往往具有较高的多样性，疏松网络提供了获取多样化异质信息与资源的可能性。而多样化的异质性信息与资源有助于风投机构扩大项目选择集合，提升项目评估与监督质量，提高增值服务水平，利于其网络资源感知先动能力的发挥；多样化的信息与资源有助于风投机构提升资源利用效率，提升其学习能力、适应性与灵活性，利于其网络资源配置利用能力的发挥。

而处于密集的联合投资网络的风投机构可能形成密度冗余和结构冗余（But，1992），密度冗余会显著缩小网络中成员的信息范围（Glasmeier，1991），结构冗余会出现大量的重复信息，削弱风投机构间的资源交换效果（Rowley et al.，2000）。也就是说，密集的网络可能会导致网络的封闭和僵化，致使密集的网络内产生大量重复的冗余信息，不利于多样化信息的获取，从而阻碍了风投机构网络能力的发挥。

基于以上分析，本书提出如下假设：网络密度负向调节着风投机构网络能力与投资绩效的关系。具体说来：

假设 2a：网络密度负向调节风投机构网络资源感知先动能力和投资绩效的关系，即和密集的联合投资网络相比，疏松的联合投资网络有利于风投机构网络资源感知先动能力的发挥，投资绩效会更好。

假设 2b：网络密度负向调节风投机构网络资源配置利用能力和投资绩效的关系，即和密集的联合投资网络相比，疏松的联合投资网络有利于风投机构网络资源配置利用能力的发挥，投资绩效会更好。

3.4.1.2 网络位置的调节

网络位置是指风投机构在联合投资网络中所处的位置，通常与风投机构的声誉、职位与社会地位等密切相关，主要刻画风投机构获得资源的可接近性（任胜钢，2014）。根据社会资源理论，占据较高网络位置的风投机构数量相对较少，但它们一般处于金字塔的高端位置，可以依靠更为开阔的视野，获得承载有价值的投资机会的各种信息等资源。基于下列原因，本书预期在联合投资网络中处于较高网络位置的风投机构可以依赖较强的信息优势和控制优势，快速获取丰富的高质量项目信息，并有效地控制和解释信息传递的方向、内容和频率等，在网络中拥有较强的影响力和控制力（吴剑峰等，2007），可以替代网络能力。

首先，处于较高网络位置的风投机构通常具有较强的投资机会发现能力，能够快速获取丰富的高质量信息并解读其内在价值。理由为：第一，高网络位置的风投机构与网络内其他机构进行信息交换的频率更高，获得信息也更为丰富；第二，高网络位置的风投机构更容易接触到更多高网络位置的风投机构，获得其他机构难以触及的高质量信息（Lin et al.，2001；Hovland et al.，1953）；第三，高网络位置的风投机构潜在的合作者更多，能有效地利用“第二方意见”发现投资机会中蕴含的价值。这些投资机会信息的获取不仅可以帮助风投机构提高投资决策效率和质量，还可以帮助它们在为风险企业提供增值服务的过程中，不断改进风险企业的商业模式，引导其朝不同的轨道发展，使这些风险企业在发展前景等方面超越竞争者，获得更多投资者的青睐。

其次，处于较高网络位置的风投机构可以利用它们的影响力和权力，实现投资行动协同（徐梦周，2011）。联合投资网络内投资行动的协同主要体现在两个方面：第一，吸引更多风投机构跟投，形成联合投资协同。在联合投资网络内，高网络位置的风投机构所投资的风险企业更容易引起其他风投机构的关注。在高网络位置的风投机构对风险企业进行投资之前，这些风险企业处于起步阶段，无力在公开市场进行交易，但高网络位置的风投机构的投资介入赋予了这些风险企业更高的合法性和高度信任。第二，吸引更多风投机构聚焦投资热点，形成投资产业或模式的协同。高网络位置的风投机构所投资的产业或采用的投资模式，更容易引起网络内其他风投机构的跟踪与效仿，在风险投资领域产生投资热点，产生投资产业的协同或投资模式的雷同。这些协同效应，一方面，可以更好地解决风险企业资金不足问题，为其提供更好的增值服务（Lindsay，2004）；另一方面，在一定程度上扩大了潜在市场的增量，有助于带动相关配套设施的完善，有利于风险企业产业链的

有效衍生，从而为风险投资成功退出提供了更好的市场保障。

再次，处于较高网络位置的风投机构更容易发挥声誉传递效应，提高网络外部对风投机构价值判断的一致性（徐梦周，2011）。风投机构声誉传递的需求来自于风投机构与诸如优质的风险企业、有限合伙人、政府等网络中资源拥有者之间的信息不对称，风投机构良好的声誉有助于向这些资源拥有者传递自身潜在的内在特征，提高资源拥有者对风投机构价值判断的一致性。高网络位置的风投机构的声誉效应主要体现在：第一，处于较高网络位置的风投机构因为拥有的利益相关者相对较多，因此在发生特定事件时，它们受到关注的可能性较大（Hoffman & Ocasio，2001）。这就使得有关风投机构的信息能够扩散到更多目标群体中，借助这些群体的口碑宣传，可以快速扩大风投机构的声誉影响范围，产生声誉信息的扩散效应。第二，资源拥有者对风投机构价值不了解时，可以通过观察风投机构的合作对象以及以往的投资对象来了解其内在价值。由于高网络位置的风投机构所接触的其他风投机构或组织的地位和声望都相对较高，所以有关它们的内在价值可以通过声誉信号更好地向利益相关者传递（Podolny，1994）。第三，处于较高网络位置的风投机构声誉的有效传递可以让优质的风险企业原意付出相对较高的代价接受风投机构参与到公司的发展过程中，有利于缓解投资决策过程中的逆向选择问题，使得资源拥有者更愿意为该风投机构提供资源，更有利于为风险企业提供增值服务。

最后，处于较高网络位置的风投机构往往占据着大量的结构洞，通常充当着信息接收者的角色，这使得联合投资网络中的其他机构愿意向这些机构寻求帮助；而风投机构间因以往合作而表现出的相互性，使得处于较高网络位置的人也会获得来自合作伙伴的很多高质量的信息和资源，长此以往，这些机构会成为信息和资源的分配中心，占据大量的优质的风险项目资源（罗家德，2014）。这种结构性优势来源于其较高的网络位置，而并非自身能力的结果。因此，风投机构占据越多的结构洞位置，它们会在风险项目的筛选、评估、监督和提供增值服务的过程中越少地依赖自身的网络能力。

相反，处于较低网络位置的风投机构，由于不具有信息优势和控制优势，难以获取优质的风险企业信息；由于影响力和权力有限，协同效应不易形成；另外，由于声誉尚未构建起来，也难以发挥声誉传递效应缓解信息不对称，获得更多的资源等。因此，为了获得高质量的风险项目信息，可能需要更多地依赖于自身的网络能力去了解和掌握更多的关于投资机会的信息、扩大项目选择集合、了解和掌握有关风险企业家和风险项目的信息、缓解因信息不对称所造成的逆向选择问题、提高项目决策效率、缓解机会主义行为，提升监督水平，为风险项目提供数量更多、质量更高的增值服务，以利于风险企业成功退出。基于上述分析，本书提出如下假设：网络位置负向调节着风投机构网络能力与投资绩效的关系。具体来说：

假设 3a：网络位置负向调节风投机构网络资源感知先动能力和投资绩效的关系，即和处于高网络位置的风投机构相比，处于低网络位置的风投机构更能发挥网络资源感知先动能力的作用，投资绩效更好。

假设 3b：网络位置负向调节风投机构网络资源配置利用能力和投资绩效的关系，即和处于高网络位置的风投机构相比，处于低网络位置的风投机构更能发挥网络资源配置利用能力的作用，投资绩效更好。

3.4.2 关系嵌入的调节作用

关系是相对于市场有更多独特机会的交换系统（Uzzi，1996），关系嵌入关注成员基于互惠预期而建立的信息共享关系，主要表现为交换双方的信任、承诺、优质信息共享和共同解决问题（Uzzi，1997）。关系中最重要的变量就是关系强度。关系强度代表了双方合作的意愿、投入的时间和精力的多寡（Krackhardt，1992）。根据关系强弱，可将联合投资网络划分为强关系网络、弱关系网络。强关系通常会构成联系紧密但范围较狭窄、涉及节点较少的关系网络（Grannovetter，1973）。由强关系形成的深度结合的闭合关系网络中，相似的信息会在小圈子里被重复传递和深度分享，从而进一步强化节点间的关系。在强关系中存在着关系成员间的高度相互信任，可以抑制机会

主义行为的产生，从而在特定关系中产生由于交易成本降低而带来的科尔曼租金。强关系意味着风投机构与其联合伙伴间的联结关系越强（Jack，2005），信任机制与学习机制发挥的作用越大。结合风险投资的运作过程中对资源的需求特点，基于下列原因，本书预期处于强关系的联合投资网络的风投机构可以依赖信任机制、知识共享与传递机制，更好地发挥风投机构的网络能力。

首先，处于强关系网络的风投机构间更容易形成信任机制，有利于风险项目信息的获取，扩大项目选择集合、提升项目评估与监督质量、提升增值服务水平。关系越强，意味着风投机构间的接触、沟通、交流越频繁，高质量信息的传递以及经验知识的共享促使信任发展过程中的承诺违背成本越低，使得信任机制的效率提高的幅度越大（Jack，2005）。网络中风投机构间互动程度越高，风投机构间的了解越深入，投资伙伴之间的信息沟通的渠道越顺畅，联合投资行动过程中的摩擦和冲突越快地得到回应及解决，交换意见的意愿以及达成共识的可能性越大，也就越容易增强彼此的信任以及合作意识，降低交易风险。

其次，处于强关系网络的风投机构间更容易形成知识共享与传递机制，有利于资源的配置利用。关系越强，风投机构间进行知识共享与传递的动力越大，机构间的承诺水平以及对关系的情感依附，对风投机构获得支持或提供帮助的意愿的影响程度越大，对知识共享风险的顾虑越低，复杂知识的传播与交换、知识或技术共享实现的可能性越大（王蔷，2000），这些都有助于提升风投机构的知识利用效率，进而提升其适应性与灵活性。

综上，处于强关系网络的风投机构，依赖伙伴间的信任机制，有利于网络资源感知先动能力的发挥，扩大项目集合、提升项目评估与监督质量、提升增值服务水平；依赖伙伴间的学习机制（知识共享与传递机制），有利于网络资源配置利用能力的发挥，提升资源的配置利用效率。基于以上分析，本书提出如下假设：

假设 4a：关系强度正向调节风投机构网络资源感知先动能力和投资绩效的关系，即和由弱关系组成的联合投资网络相比，由强关系组成的联合投资网络更有利于风投机构网络资源感知先动能力的发挥，投资绩效会更好。

假设 4b：关系强度正向调节风投机构网络资源配置利用能力和投资绩效的关系，即和由弱关系组成的联合投资网络相比，由强关系组成的联合投资网络更有利于风投机构网络资源配置利用能力的发挥，投资绩效会更好。

3.4.3 结构嵌入与关系嵌入的交互影响

由结构嵌入与关系嵌入共同决定的网络嵌入特征，影响着风投机构网络能力的发挥，本部分将分别从网络密度和网络位置与关系强度的组合来论述网络嵌入特征的交互作用。

3.4.3.1 网络密度与关系强度的交互

由前文的理论分析可知，网络密度负向调节着风投机构网络能力与投资绩效间的关系，关系强度正向调节着风投机构网络能力与投资绩效间的关系。然而，因为结构与关系的交互，在网络密度的影响下，关系强度的这种正向调节作用将受到影响。理由如下：

首先，当网络密度较小时，即处于疏松的联合投资网络时：

一方面，如果关系强度也较低，这种情况下，网络嵌入呈现出低密度结构、弱联结关系的特征（何郁冰等，2015），风投机构之间实际联系的数目与最大可能联系的数目相比很小，大部分风投机构相互之间并无直接联系，表明各风投机构之间的联系比较松散，合作频率低，而且单次合作的持续时间较短。这导致了合作伙伴之间几乎没有资源交流，或者虽有交流但层次较浅，信任度低。在这种嵌入环境下，嵌入其中的风投机构虽能获得多样化异质性资源，但由于周边都是弱关系，在交流和反馈上均存在极大的困难，给双方的合作带来巨大困难。这种合作的不深入导致网络中各风投机构的资源不能充分地流动和利用，从而不利于风投机构网络能力的发挥，因此不利于提高投资绩效。

另一方面，如果关系强度较大，此时具有直接联系的风投机构之间的合作较为深入，风投机构间的交流也比较频繁，信任度高，因此协同各方容易

采取积极的合作态度，能促进隐性知识更有效地转移，风投机构间呈现联系低密度、高强度的特征，网络内具有直接联系的风投机构较少，参与联合投资的各风投机构相互之间的合作程度较高。由于强关系的建立和维护需要较多的资金与时间投入，转换成本较高，因此强关系伙伴之间的关系比较稳定。这将是理论上的最理想嵌入状态。即：占据疏松网络结构洞的优势，能够得到多样化的异质性资源，同时由于强关系的存在，不仅使得传递的关于风险项目的异质资源在质与量上都能得到保证，有利于扩大项目选择集合；同时有利于投资后风投机构间合作的展开，从而使得对风险企业的评估、监督与增值服务的提供得以顺利实施。这种组合同时兼顾信息的搜索与资源的获取（有利于网络资源感知先动能力的发挥）和后续的合作与知识的共享（有利于网络资源配置利用能力的发挥），因此有利于风投机构网络能力的发挥。

综上，可以得出的结论是：在网络密度较小时，随着关系强度的增大，这种嵌入状态越有利于风投机构网络能力的发挥，风投机构的投资绩效也将越好。也就是说，关系强度的正向调节作用将变得更强。

其次，当网络密度较大时，即处于紧密的联合投资网络时：

一方面，如果关系强度较低，这种情况下，网络嵌入呈现高密度结构、弱联结关系的特征（何郁冰等，2015），此时风投机构间的直接联系较多，即各主体之间实际的联系与最大可能的联系数目之比是很高的，但机构间的联系较少，说明联合投资网络中风投机构之间建立的联系以弱关系为主，风投机构之间常常没有开展比较深入的合作。处于这种嵌入状态下的风投机构，周边发展的却都是弱关系，这将带来两个后果：第一，无法获得异质性资源。因为与其直接联系的伙伴都属于同一个圈子，没有有价值的信息反馈。第二，无法与他人展开合作。因为与其连接的伙伴都有属于自己的强关系，在与其他机构合作中处于不利的谈判地位，这种情况下的风投机构虽身在此圈子却又被排除在外。因此这种嵌入特征使得风投机构难以获取大量的异质信息，也难以发挥资源的协同利用效率，不利于风投机构网络能力的发挥。

另一方面，如果关系强度较大，此时联合投资网络中风投机构之间不仅直接联系多，并且大都进行的是较为深入的合作，相互间的信任度也很高，具有强关系、高密度特征，网络内形成了一种被各风投机构认可和遵循的网络“文化和规范”。但这种情况容易使风投机构陷入“过度嵌入”的境况，一方面知识的同质化使得其很难再得到异质信息，另一方面过度的嵌入使得风投机构离开的成本增大，议价能力较弱。这种嵌入状态，同样使得风投机构难以获取大量的异质信息，也难以发挥资源的协同利用效率，不利于风投机构网络能力的发挥。

综上，可以得出的结论是：在网络密度较大时，无论关系强度大小，这种嵌入结构都不利于风投机构网络能力的发挥，不利于提升风投机构投资绩效。也就是说，关系强度的正向调节作用将失效或者变弱。

基于以上分析，本书认为关系强度对风投机构网络能力与投资绩效关系的影响取决于网络密度的大小。具体假设如下：

假设 5a：关系强度对网络资源感知先动能力与投资绩效关系的影响取决于网络密度的大小，即网络密度负向调节着关系强度对风投机构网络资源感知先动能力与投资绩效关系的正向调节效应。相比于密集的网络，疏松的网络结构中，这种正向调节作用更强。

假设 5b：关系强度对网络资源配置利用能力与投资绩效关系的影响取决于网络密度的大小，即网络密度负向调节着关系强度对风投机构网络资源配置利用能力与投资绩效关系的正向调节效应。相比于密集的网络，疏松的网络结构中，这种正向调节作用更强。

3.4.3.2 网络位置与关系强度的交互

由前文的理论分析可知，网络位置负向调节着风投机构网络能力与投资绩效间的关系，关系强度正向调节着风投机构网络能力与投资绩效间的关系。然而，因为结构与关系的交互，在网络位置的影响下，关系强度的这种正向调节作用将受到影响。理由如下：

首先，当风投机构处于较低的网络位置时：

一方面，如果风投机构的关系强度较低，这种情况下，由于没有网络位

置的中心性优势，且网络中各风投机构之间的联系比较松散，合作频率低，而且单次合作的持续时间较短，使得合作伙伴之间几乎没有资源交流，或者虽有交流但层次较浅，信任度低，同时不具有网络中心性的信息优势和控制优势，难以获取优质的风险企业信息；由于影响力和权力有限，协同效应不易形成；另外由于声誉尚未构建起来，也难以发挥声誉传递效应缓解信息不对称，获得更多的资源等。

另一方面，如果风投机构的关系强度较高，这种情况下，没有网络位置的中心性优势，也就是说网络中不存在位置高的有影响力的“权威”机构。另外，网络中各风投机构之间的联系比较紧密，交流也比较频繁，合作频率高，而且单次合作的持续时间较长，有效的信任度高，使得合作伙伴之间更容易采取积极的合作态度，能促进风险项目信息的获取、促进伙伴之间资源配置效率的提升。

综上，可以得出的结论是：当处于较低的网络位置时，随着关系强度的增大，这种嵌入状态越有利于风投机构网络能力的发挥，风投机构的投资绩效也将越好。也就是说，关系强度的正向调节作用将变得更强。

其次，当风投机构处于较高的网络位置时：

一方面，如果风投机构的关系强度较低，这种情况下，虽然网络中各风投机构之间的联系比较松散，合作频率低，而且单次合作的持续时间较短，使得合作伙伴之间几乎没有资源交流，或者虽有交流但层次较浅，信任度低，但风投机构可以凭借较高网络位置的中心性优势，获取优质的风险企业信息，扩大项目选择集合，利用自身的影响力协调各方关系，提升配置利用伙伴资源效率。

另一方面，如果风投机构的关系强度较高，这种情况下，风投机构具有网络位置的中心性优势，在网络中具有一定的“权威”影响。另外，网络中各风投机构之间的联系比较紧密，交流也比较频繁，合作频率高，而且单次合作的持续时间较长，信任度高。但这种信任极易在这种“权威”的影响下，产生关系嵌入过度，即风投机构过度信任网络位置高的“权威”风投机构，出现非理性承诺，形成机构间的高阶纽带和过于紧密的关系，从而带来过度的时间和精力投入（Ahlstrom，2010），妨碍关系网络的扩张，难以获取更多元的信息共享关系，从而降低了对信息的筛选与甄别能力，削弱了网络能力的效用，不利于其成功退出。

综上，可以得出的结论是：当处于较高的网络位置时，随着关系强度的增大，这种嵌入状态将抑制风投机构网络能力的发挥，风投机构的投资绩效将趋差。也就是说，关系强度的正向调节作用将变弱。

基于以上分析，本书认为关系强度对风投机构网络能力与投资绩效关系的影响取决于网络位置的高低。具体假设如下：

假设 6a：关系强度对网络资源感知先动能力与投资绩效关系的影响取决于网络位置的高低，即网络位置负向调节着关系强度对网络资源感知先动能力与投资绩效关系的正向调节作用。相比于处于网络中高位置的风投机构，处于网络中低位置的风投机构，这种正向调节作用将变强。

假设 6b：关系强度对网络资源配置利用能力与投资绩效关系的影响取决于网络位置的大小，即网络位置负向调节着关系强度对网络资源配置利用能力与投资绩效关系的正向调节作用。相比于处于网络中高位置的风投机构，处于网络中低位置的风投机构，这种正向调节作用将变强。

3.5 小 结

本章在文献梳理的基础上构建了概念模型，并从理论层面分析了风投机构的网络能力、网络嵌入与投资绩效的关系，提出可检验的研究假设。为深入分析风投机构的网络能力对投资绩效的影响作用，及网络嵌入对网络能力与投资绩效之间关系的权变影响，本章首先综合社会网络理论和联合投资理论，从现有研究的不足与研究主题的需要入手，构建了本书的概念模型，并

对联合投资网络、网络资源、网络嵌入、网络能力等相关概念进行了界定。然后，进一步从网络能力、结构嵌入、关系嵌入及其交互四个方面深入分析风投机构的网络能力、网络嵌入与投资绩效的关系。通过分析，本书提出研究假设，假设汇总如表 3.1 所示。

表 3.1 本书提出的假设汇总

	假设序号	假设内容
网络能力—投资绩效	假设 1a	风投机构网络资源感知先动能力越强，投资绩效越好
	假设 1b	风投机构网络资源配置利用能力越强，因深度的知识专业化而提升的学习和知识应用效率越高，因宽度的知识多样化而提升的适应性和灵活性越好，投资绩效越好
结构嵌入的调节	假设 2a	网络密度负向调节风投机构网络资源感知先动能力和投资绩效的关系，即和密集的联合投资网络相比，疏松的联合投资网络有利于风投机构网络资源感知先动能力的发挥，投资绩效会更好
	假设 2b	网络密度负向调节风投机构网络资源配置利用能力和投资绩效的关系，即和密集的联合投资网络相比，疏松的联合投资网络有利于风投机构网络资源配置利用能力的发挥，投资绩效会更好
	假设 3a	网络位置负向调节风投机构网络资源感知先动能力和投资绩效的关系，即和处于高网络位置的风投机构相比，处于低网络位置的风投机构更能发挥网络资源感知先动能力的作用，投资绩效更好
	假设 3b	网络位置负向调节风投机构网络资源配置利用能力和投资绩效的关系，即和处于高网络位置的风投机构相比，处于低网络位置的风投机构更能发挥网络资源配置利用能力的作用，投资绩效更好
关系嵌入的调节	假设 4a	关系强度正向调节风投机构网络资源感知先动能力和投资绩效的关系，即和由弱关系组成的联合投资网络相比，由强关系组成的联合投资网络更有利于风投机构网络资源感知先动能力的发挥，投资绩效会更好
	假设 4b	关系强度正向调节风投机构网络资源配置利用能力和投资绩效的关系，即和由弱关系组成的联合投资网络相比，由强关系组成的联合投资网络更有利于风投机构网络资源配置利用能力的发挥，投资绩效会更好
关系嵌入与结构嵌入的交互影响	假设 5a	关系强度对网络资源感知先动能力与投资绩效关系的影响取决于网络密度的大小，即网络密度负向调节着关系强度对风投机构网络资源感知先动能力与投资绩效关系的正向调节效应。相比于密集的网络，疏松的网络结构中，这种正向调节作用更强
	假设 5b	关系强度对网络资源配置利用能力与投资绩效关系的影响取决于网络密度的大小，即网络密度负向调节着关系强度对风投机构网络资源配置利用能力与投资绩效关系的正向调节效应。相比于密集的网络，疏松的网络结构中，这种正向调节作用更强

续表

	假设序号	假设内容
关系嵌入与结构嵌入的交互影响	假设 6a	关系强度对网络资源感知先动能力与投资绩效关系的影响取决于网络位置的高低，即网络位置负向调节着关系强度对网络资源感知先动能力与投资绩效关系的正向调节作用。相比于处于网络中高位置的风投机构，处于网络中低位置的风投机构，这种正向调节作用将变强
	假设 6b	关系强度对网络资源配置利用能力与投资绩效关系的影响取决于网络位置的大小，即网络位置负向调节着关系强度对网络资源配置利用能力与投资绩效关系的正向调节作用。相比于处于网络中高位置的风投机构，处于网络中低位置的风投机构，这种正向调节作用将变强

4 研究设计

本书基于理论分析提出了六组可检验的主要研究假设。在接下来的两章，本书将对这六组研究假设进行经验检验。本章论述经验检验所使用的样本数据来源、变量测度、统计方法以及模型的选择。首先对样本数据的来源以及收集整理情况进行详细说明，然后论述经验检验所用的各类变量的选取依据及其测度方法，最后简要介绍经验检验所使用的统计方法、回归模型以及模型的选择依据。

4.1 数据来源

4.1.1 联合投资网络构建

根据社会网络的相关研究，确定网络的概念，一个重要的问题就是网络边界的确定问题，这个边界包括确定行动者和确定行动者间的关系两部分内容。确定网络行动者的标准可以是组织边界、地理边界、基于特殊事件参与的边界、基于行动者特征的边界、基于行动者间关系的边界，确定行动者间的关系的标准可以是时间和区域。

风险投资活动主要涉及三类参与者：风投机构、风险企业、支持者（比如金融中介，银行、天使投资人；服务中介，律师、顾问、审计、市场专家；R&D 机构、大学；其他，雇员、同学、家人、朋友）。因此，这三类参与者可能存在六种类型的潜在关系：风投机构间的关系；风险企业间的关系；风险投资家和风险企业间的关系；风险投资家与支持者间的关系；风险企业和支持者间的关系；支持者间的关系。

基于研究主题，本书将联合投资网络界定为基于风投机构间的联合投资关系，为获得资源，提升竞争能力，风投机构间建立彼此信任、长期合作的关系网络，该网络主要涉及风投机构一类参与者，主要研究风投机构间的关系。因此，根据社会网络理论和现有文献做法，本书采用联合投资数据确定风投机构间的关系，采用三年时间窗的时间标准来界定联合投资网络的边界。

4.1.2 数据收集

为获取研究所需的大样本及相对可靠的数据资料，本书依托目前国内可以提供此类数据服务的两大商业数据库：CVSource 和清科数据库，且以前者为主，后者为辅。其中，清科数据库定位于中国创业投资暨私募股权投资领域，依托于清科研究中心 8 年多时间的累计和数年的独立研发基础，涵盖了自 1992 年以来活跃于中国地区的创业投资与私募股权投资行业的信息。CV-Source 数据库是一套由 China Venture 独立研发的关于中国市场创业投资及私募股权领域的数据库系统，该数据库提供涉及创业投资及私募股权领域不同层面的数据与信息。通过对清科数据库的数据和 CVSource 数据库的数据的对比分析，我们发现这两个数据库的数据在时间跨度、统计口径、分类标准等方面存在很大差异，难以合并使用，但 CVSource 数据库在收集有关风投机构联合投资信息方面更为简单直观，因而本书最终以 CVSource 数据库为主要的数据收集渠道，并辅以清科数据库数据进行补充完善，以此来尽可能地提高样本量与实证检验的可靠性。

本书的研究思路是把以往的网络能力、网络嵌入与现在的投资以及未来的投资绩效联系在一起，以避免出现相反的因果关系。具体而言，对于每一

项投资，本书以投资前（含投资当年）三年为时间窗来测度风投机构的网络能力、网络密度、网络位置和关系强度，以现在的三年为时间窗来测度风投机构的投资情况，再观察之后三年的退出情况。

依据上述研究思路，本书使用 CVSource 数据库 2007 年 1 月 1 日至 2015 年 12 月 31 日范围内的数据。其中，以在 2010 年 1 月 1 日至 2012 年 12 月 31 日至少发生一次投资行为的本土风投机构为原则进行抽样，总共收集到 191 家本土风投机构的 2483 轮投资数据，然后用 2007 年 1 月 1 日至 2009 年 12 月31 日的数据测度这些样本风投机构的网络能力、网络密度、网络位置、关系强度以及投资经验等所有自变量和控制变量，并留下 2013 年 1 月 1 日至 2015 年 12 月 31 日的三年时间观察这些样本风投机构的投资结果即投资绩效，利用这些样本数据，来检验风投机构的网络能力、网络嵌入与投资绩效的关系。

4.2 变量选取与测度

4.2.1 被解释变量

本书的被解释变量为风投机构的投资绩效。对于投资绩效的测度，现有研究中主要采用直接测度法与间接测度法来度量。其中，直接测度法是指采用诸如内部收益率等收益类指标，直接度量投资绩效的方法。而间接测度法是指采用与投资收益相关的非收益类指标间接度量投资绩效的方法（王曦等，2015）。由于收益类指标难以通过公开的渠道大范围地获取，所以实践中很难得到可靠的大样本数据来测度风投机构的投资收益。因此，对于风投机构的投资绩效，采用间接测度法成为国内外同类研究的普遍做法。

在运用间接测度方法来测度风投机构投资绩效时，现有研究中主要采用退出方式与退出期限两种做法来进行测度（Hochberg et al.，2007；党兴华、董建卫等，2011，2012；王曦等，2014；杨敏利等，2014）。其中，退出方式采用 IPO 和并购（M&A）度量，因为从国内外风险投资实践中可以看出，IPO 和并购（M&A）是最重要也是风投机构投资收益最高的两种退出方式。而退出期限对投资绩效的影响程度可能要比退出方式的影响程度小，但由于退出期限会影响到风投机构的投资风险，而且退出期限的长短也影响着风投机构的声誉，并进而影响其筹资能力、讨价还价能力（Hochberg et al.，2007；党兴华、董建卫等，2011，2012），因而在风险投资的实践和理论研究中，退出期限成为继退出方式之后另一引起实践界和学术界关注的一个重要变量。

因此，本书参考现有研究中的这些常见做法（Cochrane，2005；Nikoskelainen et al.，2007），也采用退出方式和退出期限间接度量风投机构的投资绩效。其中，退出方式主要关注 IPO 或 M&A 两种方式。具体测度如下：在三年时间窗 2013 年 1 月 1 日至 2015 年 12 月 31 日，如果风投机构通过 IPO 或 M&A 退出，成功退出取值为 1，否则取值为 0。退出期限是指从投资到退出的时间间隔，一般采用退出时间和投资时间差来衡量。具体测度如下：对于在 2015 年 12 月 31 日之前成功退出的投资，退出期限为从投资时起至 IPO 或 M&A 退出时止的总天数；对于在 2015 年 12 月 31 日之前没有成功退出的投资，对退出期限进行截取日期为 2015 年 12 月 31 日的右截取处理（杨敏利等，2014）。

4.2.2 解释变量

4.2.2.1 风投机构网络能力

本书将风投机构网络能力划分为网络资源感知先动能力和网络资源配置利用能力。

网络资源感知先动能力主要反映风投机构借助联合投资网络获取的网络资源的广度，表示风投机构通过网络联结到各种不同距离、不同行业伙伴的

程度，衡量风投机构网络的联结边界。现有研究中多利用伙伴多样性来测度，伙伴多样性是组织伙伴间异质性程度的函数，一般根据行业焦点、经营范围、地理位置和文化等组织属性来划分（Gutati，2011），这为本书提供了分析依据。由于风险项目所在行业和地理区域是影响风投机构投资决策的重要影响因素，因此本书选用联合投资伙伴所投资项目的行业和地理多样性来衡量伙伴的多样性。具体测度方法：首先，按照CVSource数据库中证监会一级行业分类标准，将风险项目所属行业合并划分为互联网、电信及增值、IT、能源及矿产、医疗健康以及其他传统行业共6类行业，依据已有研究中关于投资区域的划分标准（杨敏利，2012），将风险项目所属区域划分为珠三角、长三角、京津与其他地区4个区域；其次，采用熵指数，分别计算出风投机构每个伙伴的行业和区域的多样化指数；再次，根据每个伙伴的行业数与区域数，对每个伙伴的行业多样化与区域多样化指数分别进行加权平均，相应刻画伙伴样本总体的行业多样化与区域多样化；最后，取二者平均值作为伙伴多样性的测度值。

网络资源配置利用能力主要反映风投机构所获得的网络资源与组织自身资源的互补匹配性，取决于联合投资伙伴资源的具体结构和属性。现有研究中广泛运用合作伙伴的专业知识及风险项目流来衡量风投机构对网络资源的利用程度（Gutati，2011；Jääskeläinen，2009），这为本书提供了分析依据。风投机构对获取的伙伴的专业知识和风险项目流信息掌握得越充分，自身资源与伙伴资源得以匹配的可能性越大，风投机构在不同行业、不同地区的投资领域与范围越大。由此可见，风投机构自身投资的多样化可较好地衡量其配置利用网络资源的能力。因此，本书将采用风投机构投资的行业多样化与区域多样化来衡量其网络资源配置利用能力。具体测度方法：首先，按照前文关于风险项目所属行业与区域的分类标准，采用式（4-1）的熵指数分别计算出风投机构自身的行业和区域的多样化指数；然后，取二者平均作为风投机构多样性的测度值。

其中，熵指数的计算公式为：

$$Div_i = \sum_{j=1}^{N} p_{ij}\ln(1/p_{ij}) \tag{4-1}$$

式中，p_{ij} 表示在选定的时间段内，风投机构 i 投资于行业（或区域）j 的百分比，$\ln(1/p_{ij})$ 表示该行业（或区域）所占的比重。熵值的变化范围从 0 到 lnn，极端的情况当熵值为 0 时，代表该机构将其投资活动完全集中于一个行业或区域，多样化程度最低；相对地，若熵值为 lnn 时，代表了该机构的投资活动在各个行业或区域里的平均分布，表明多样化程度更高。

4.2.2.2　网络密度

网络密度一般用来衡量网络内各节点之间关联的紧密程度（Scott，2007），反映网络内联结主体被第三方联系所围绕的状况（Burt，1992；Reagans，2003），联结主体周边围绕的第三方联系越多，网络密度越高，嵌入程度越高。

网络密度定义为网络中实际拥有的连线数与最多可能拥有的线数之比。巴恩斯（Barnes，1972）比较了两类社会网络分析。一是围绕某些特定的参考点而展开的社会网（例如，Mitchell，1969），倡导的是“个体中心网”的研究。从这种视角出发，密度分析关注的是围绕着某些特定行动者的关系的密度。二是巴恩斯也考察了“社会中心”网研究，他从整体网络模式切入，指出网络密度是整体网络密度。由于网络对其成员产生的约束不仅是通过与该成员直接相连而发挥作用，各种间接联系借助关系的结构与独立于特定行动者建立起来的各种联结，更为关键。所以，巴恩斯认为，社会中心网同样重要。在计算个体中心网络密度的时候，一般只关注在这些接触者之间存在的各种联系。图 4.1 表示了这样做的结果。图 4.1(a) 呈现的是围绕一个“自我”构成的 5 人网络，它共有 6 条线，按照网络密度的定义即网络中实际拥有的连线数与最多可能拥有的线数之比，其网络密度为 0.6，这个密度相对较高，其原因是有 4 条线将“自我”与另外四个行动者联系在一起，但这些关系几乎要靠界定才能存在，因此应该不予考虑。关于图 4.1(a) 的一个显

著事实是，相对来说在自我所接触的各个成员之间的联系很少。在图 4.1(b) 中，与自我直接相关的关系有 4 条虚线，间接相关的关系有 2 条（A、B、C、D 之间存在的 2 个实线关系），这 4 人网的密度是 0.33，显而易见，这个密度值才是对主体网密度的一个较有用的测量。

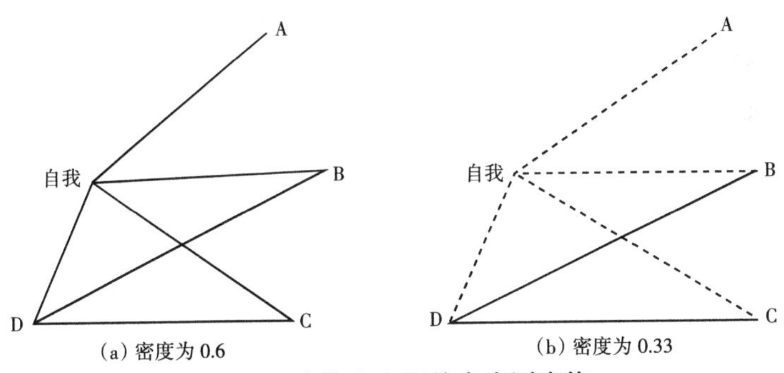

图 4.1 个体中心网的密度测度值

由于本书要检验每个风投机构网络密度的变化对其网络能力与投资绩效关系的调节作用，出于变量的考虑，本书中网络密度的测度采用“个体网络密度”。具体测度时，可利用 UCINET 软件来计算出个体网中每一个成员的网络密度，具体分析路径为：Network-Ego-networks-Density。

4.2.2.3 网络位置

现有研究中对网络位置的测度指标常见的有程度中心性、点出度中心性、点入度中心性、特征向量中心性和中介中心性五种形式（Hochberg et al., 2007；党兴华等，2011，2012），由于本书通过 CVSource 和清科数据库所收集到的数据属于无向数据，不适合使用点出度和点入度指标测度中心性，而中介中心性常用来测度结构洞。程度中心性一般用来刻画团队中最主要的中心人物，表示的是个人关系数量的总量。特征向量中心度则在网络总体的结构基础之上，根据网络联结重要性的不同进行加权处理，确定出最居于核心地位的行动者。结合研究主题需要，本书仅用特征向量中心性衡量风投机构的网络位置。

4.2.2.4 关系嵌入

关系嵌入主要反映交易双方之间相互理解、信任的程度，关系嵌入中最重要的变量就是关系强度。关系强度代表了双方合作的意愿、投入的时间和精力的多寡（Krackhardt，1992）。由于联合投资网络的本质是相互独立的风投机构联合在一起，集聚资源或集成能力，形成合力，解决单个风投机构难以充分应对的局面或问题，因此，联合投资行动是风投机构参与到联合投资网络的重要动机以及行为结果。一般而言，风投机构之间对联合投资行动的需求以及联合投资的范围、程度和频率取决于风投机构之间的资源相互依赖程度（Kim，1999；Schreiner et al.，2009）。在一些研究中，联合投资行动已经成为衡量关系质量的重要指标之一（Schreiner et al.，2009）。而且，组织间以往的合作关系也常被用来测度关系嵌入性（常红锦，2013），这也为本书提供了分析依据。风投机构通过联合投资参与投资轮次越多，隐性知识越得以深度共享，彼此之间的合作关系越深化。由此可见，风投机构参与其他风投机构的累计投资轮次，可较好地反映风投机构与其联合伙伴之间信息互动及信任的程度。因此，本书将以联合投资内每家风投机构与其合作伙伴的累计投资轮次数对应的最大值，测度风投机构与其联合伙伴之间信任程度的影响。

4.2.3 控制变量

为准确测度风投机构网络能力与投资绩效的关系，还需控制影响风投机构投资绩效的其他因素。通过对现有文献的梳理，本书发现这些因素主要有两类：风投机构特征与风险项目投资特征、风险投资市场环境特征（王曦等，2014）。

因此，依据前人的研究结论与研究方法，从上述两方面，本书引入投资经验（一般用累计投资轮次测度）（董建卫等，2012）、风投机构年龄（党兴华等，2011）、联合投资规模（Nahata，2008）、发展阶段（党兴华等，2011）、风投机构和风险项目各自所处的地理区域、风险项目所处的行业以及年度虚拟变量共 15 个控制变量，如表 4.1 所示。

表 4.1 变量测度

变量	测度
被解释变量:	风投机构的投资绩效
成功退出	若风投机构通过 IPO 或并购退出，则取值为 1，否则取值为 0
退出期限	从投资时起至 IPO 或 M&A 退出时止的总天数
解释变量:	风投机构的网络能力
网络资源感知先动能力	联合投资伙伴所投资项目的行业和地理多样性
网络资源配置利用能力	风投机构投资的行业多样化与区域多样化
网络位置	特征向量中心性，根据网络联结重要性的不同进行了加权处理
关系嵌入	联合投资内每家风投机构与其合作伙伴的累计投资轮次数对应的最大值
控制变量:	
投资经验	风投机构的累计投资轮次
风投机构年龄	从风投机构成立到投资时的总年数
联合投资规模	联合投资于某一风险项目的风投机构数
发展阶段	初创期取值为 1，扩张期取值为 2，成熟期取值为 3
机构位于珠三角地区	若风投机构总部位于珠三角地区，取值为 1，否则为 0
机构位于长三角地区	若风投机构总部位于长三角地区，取值为 1，否则为 0
机构位于京津地区	若风投机构总部位于京津地区，取值为 1，否则为 0
项目属于广义 IT	若风险项目属于广义 IT 行业，取值为 1，否则为 0
项目属于生技/健康	若风险项目属于生技/健康行业，取值为 1，否则为 0
项目属于清洁技术	若风险项目属于清洁技术行业，取值为 1，否则为 0
项目属于服务业	若风险项目属于服务业行业，取值为 1，否则为 0
项目属于珠三角地区	若风险项目属于珠三角地区，取值为 1，否则为 0
项目属于长三角地区	若风险项目属于长三角地区，取值为 1，否则为 0
项目属于京津地区	若风险项目属于京津地区，取值为 1，否则为 0
年度虚拟变量	若风险项目处于某一特定的年份，取值为 1，其他情况取值为 0

4.3 样本描述

描述性统计分析主要对理论模型中的自变量、因变量、调节变量和控制变量进行统计性指标的描述分析，分析内容一般包括三项指标：平均值、标准差以及各变量间的相关系数。

表 4.2 描述性统计

变量	均值	标准差
IPO 或并购退出	0.378	0.303
退出期限	48.728	19.251
网络资源感知先动能力	0.320	0.151
网络资源配置利用能力	0.403	0.147
网络密度	76.658	53.341
特征向量中心性（%）	3.231	2.913
关系嵌入	26.342	12.153
累计投资轮次	1.514	0.792
风投机构年龄	6.874	5.102
京津地区（机构）	0.279	0.218
长三角（机构）	0.189	0.169
珠三角（机构）	0.233	0.227
联合投资规模	2.158	1.638
早期	0.134	0.116
发展期	0.298	0.263
扩展期	0.339	0.263
京津地区（项目）	0.224	0.222
长三角（项目）	0.208	0.201
珠三角（项目）	0.254	0.224

续表

变量	均值	标准差
互联网	0.287	0.231
电信及增值	0.081	0.073
IT	0.209	0.217
能源及矿产	0.083	0.074
医疗健康	0.108	0.094

表 4.2 给出了本书主要变量的描述性统计结果。从风投机构分布区域看，位于京津地区的机构占全部样本的 27.9%，长三角地区的机构占比 18.9%，珠三角地区的机构占比 23.3%。从发展阶段的分布来看，投资于处于早期阶段的风险项目占全部样本的 13.4%，投资于处于发展期的风险项目占 29.8%，投资于处于扩展期的风险项目占 33.9%。从所投资的风险项目分布区域来看，属于京津地区的风险项目占全部样本的比例为 22.4%，属于长三角地区的风险项目占全部样本的比例为 20.8%，属于珠三角地区的风险项目占全部样本的比例为 25.4%。从风险项目所属的行业分布来看，属于互联网行业的投资占全部投资的比例为 28.7%，属于电信及增值行业的投资占全部投资的比例为 8.1%，属于 IT 行业的投资占全部投资的比例为 20.9%，属于能源及矿产行业的投资占全部投资的比例为 8.3%，属于医疗健康行业的投资占全部投资的比例为 10.8%。样本中风险项目的区域分布、发展阶段分布与行业分布以及风投机构的区域分布总体上符合我国风险投资业的发展特征。

本书利用 SPSS13.0 软件对模型中所有变量进行了 Pearson 相关分析，其目的在于对各变量之间是否存在相互影响进行初步判断，以防止后面的回归分析中可能出现的多重共线性问题。表 4.3 给出了本书主要变量的相关系数，相关系数表显示，本书的主要自变量网络资源感知先动能力、网络资源配置利用能力、特征向量中心性、关系嵌入与 IPO 或 M&A 退出方式之间具有正相关关系，与退出期限之间具有负相关关系，均与研究假设预测的趋势相一致。

表 4.3 Pearson 相关矩阵

	1	2	3	4	5	6	7	8	9	10	11	12（珠）
IPO 或并购退出	1.000											
退出期限	-0.563**	1.000										
网络资源感知先动能力	0.238**	-0.302*	1.000									
网络资源配置利用能力	0.307**	-0.299**	0.131*	1.000								
网络密度	0.411**	-0.439**	0.114*	0.128*	1.000							
特征向量中心性（%）	0.419**	-0.387**	0.121*	0.130*	0.801**	1.000						
关系嵌入	0.241**	-0.287**	0.221*	0.247*	0.381*	0.402*	1.000					
累计投资轮次	0.182**	-0.203*	0.123*	-0.039	0.163*	0.176*	0.321**	1.000				
风投机构年龄	0.391**	-0.408**	0.238**	0.146	0.539**	0.498**	0.107	0.125**	1.000			
京津地区（机构）	-0.040	-0.021	0.387**	0.242**	0.061	0.047	0.051	0.128*	0.091	1.000		
长三角（机构）	-0.039	0.009	-0.217*	-0.107*	0.013	-0.027	-0.062	0.046	-0.021	-0.241*	1.000	
珠三角（机构）	0.261**	-0.126*	-0.289*	-0.117*	0.093	0.128*	0.073	0.131*	0.147*	-0.299*	-0.191**	1.000
联合投资规模	0.301**	-0.191**	0.120**	0.016	0.167**	0.130*	0.401**	0.378**	0.071	0.112	0.038	0.068
早期	-0.328**	0.301**	-0.071*	0.041	-0.229**	-0.232**	-0.103*	-0.112**	-0.302**	0.037	0.062	-0.162**
发展期	-0.169**	0.223**	0.042	-0.063	0.092*	0.102*	0.009	-0.109*	-0.042	0.022	0.031	0.108*
扩展期	0.142*	-0.035	0.007	0.005	0.114*	0.171**	0.081	0.251**	0.116*	0.015	-0.013	0.119*
京津地区（项目）	-0.045**	0.059	0.105**	-0.019	0.019	-0.007	0.038	0.054*	0.027	0.421**	-0.013	-0.129*
长三角（项目）	-0.147**	0.055	0.049*	0.013	-0.079	-0.105	0.021	0.056*	-0.111	-0.019	0.476**	-0.117*
珠三角（项目）	0.178**	-0.116*	-0.071**	-0.040	0.059	0.031	0.124	-0.087*	0.169*	-0.135*	-0.090	0.549**

续表

	1	2	3	4	5	6	7	8	9	10	11	12（珠）
互联网	−0.013	0.119*	0.191**	−0.021	−0.102	−0.115*	0.011	0.118**	−0.057	0.191**	0.153**	−0.106
电信及增值	−0.068*	0.086	−0.018	−0.015	−0.079	0.081	0.021	−0.007	−0.103	0.079	−0.041	−0.069
IT	0.028	0.122*	−0.039	−0.007	−0.109	−0.116*	0.014	0.074**	−0.054	0.184**	0.149**	−0.101
能源及矿产	0.038	0.091	−0.082**	0.041	−0.051	−0.047	0.112	−0.039	−0.008	−0.041	−0.006	0.051
医疗健康	−0.132*	0.081	−0.034	−0.039	−0.046	0.003	0.122		−0.031	0.072	−0.018	0.048
	13（联）	14	15	16	17	18	19	20	21	22	23	24
联合投资规模	1.000											
早期	−0.112**	1.000										
发展期	−0.109*	−0.339**	1.000									
扩展期	0.251**	−0.268**	−0.742*	1.000								
京津地区（项目）	0.054*	−0.013	−0.002	0.038	1.000							
长三角（项目）	0.056*	0.012	0.021	−0.027	0.361**	1.000						
珠三角（项目）	−0.087*	−0.091**	0.071**	−0.029	−0.301**	−0.199**	1.000					
互联网	0.118**	−0.019	0.109**	−0.068**	0.158**	0.108**	−0.058*	1.000				
电信及增值	−0.007	0.035	0.081**	−0.079**	0.088**	−0.048**	−0.008	−0.148**	1.000			
IT	0.074**	0.071**	−0.071*	0.032	0.077**	−0.059*	0.026	−0.240**	−0.131**	1.000		
能源及矿产	−0.039	−0.019	−0.013	0.017	−0.101**	−0.098**	−0.003	−0.157**	−0.078**	−0.136**	1.000	
医疗健康	−0.004	0.019	−0.020	−0.019	−0.031	0.021	0.039	−0.167**	−0.089**	−0.151**	−0.091**	1.000
样本量	2483											

注："*""**""***"分别表示在10%、5%、1%的水平上显著。

4.4 统计分析方法与模型

4.4.1 调节效应检验

调节变量是指影响其他变量之间关系的变量，现有研究主要使用两类方法来衡量调节变量的影响：方差分析法和子样本分析法。其中，前者是通过测量自变量和划分自变量作用的不同情境的变量之间的交互作用来检验调节作用（Baron & Kenny，1986）。后者是根据调节变量将全样本划分为若干个子样本，利用回归分析检验各个子样本中因变量与自变量之间的关系，最后根据判定系数或者 Chow 检验分析不同子样本中回归方程的差异，以验证调节变量调节效应是否显著（Sharma et al.，1981）。

回归分析中调节效应一般采用以下步骤：第一，仅将控制变量引入回归方程中，来检验控制变量的作用；第二，在控制变量的基础上，在回归方程中引入自变量，检验自变量与控制变量的影响；第三，在第二步的基础上，引入调节变量到回归方程，检验调节变量、自变量和控制变量的作用；第四，在第三步的基础上，在回归方程中引入调节变量与自变量的乘积交互项，以考察调节变量对自变量和因变量之间关系所产生的调节效应。具体检验方程如下：

$$y = a + b_1c$$

$$y = a + b_1c + b_2x$$

$$y = a + b_1c + b_2x + b_3m$$

$$y = a + b_1c + b_2x + b_3m + b_4xm \tag{4-2}$$

式中，a 为回归方程中的常数项， c 表示回归方程中的控制变量，x 表示回归方程中的自变量，m 表示回归方程中的调节变量，y 则为回归方程的

因变量，b_1、b_2、b_3、b_4分别表示控制变量、自变量、调节变量与交互项的回归系数。如果回归方程中的回归系数 b_4 显著，表明调节变量对自变量与因变量的关系具有显著的调节效应。

调节变量对自变量与因变量关系的调节作用如图 4.2 与图 4.3 所示。其中，图 4.2 呈现的是调节变量对自变量与因变量关系的一阶调节作用示意图，图 4.3 呈现的是调节变量 2 对调节变量 1 对自变量与因变量之间关系一阶调节作用的二阶调节作用示意图，图中 Y 与 X 分别表示回归分析的因变量与自变量，M_1 与 M_2 分别为一阶和二阶调节变量。图 4.2 与图 4.3 中，M_1 对 X 与 Y 的调节效应用 $M_1 \cdot X$ 表示，称之为 M_1 对 X 与 Y 的一阶调节。图 4.3 中，M_2 对 M_1 在 X 与 Y 关系的调节作用中又具有二阶调节作用，用 $M_2 \cdot M_1 \cdot X$ 表示。

在利用回归分析检验调节变量 m 的调节效应的过程中，为避免 x 和 y 之间的主效应与 x 和 m 的交互作用项 mx 之间可能存在的多重共线性问题所产生的影响，回归分析前还需要对 x 和 m 进行均值中心化处理（Aiken & West，1991）。

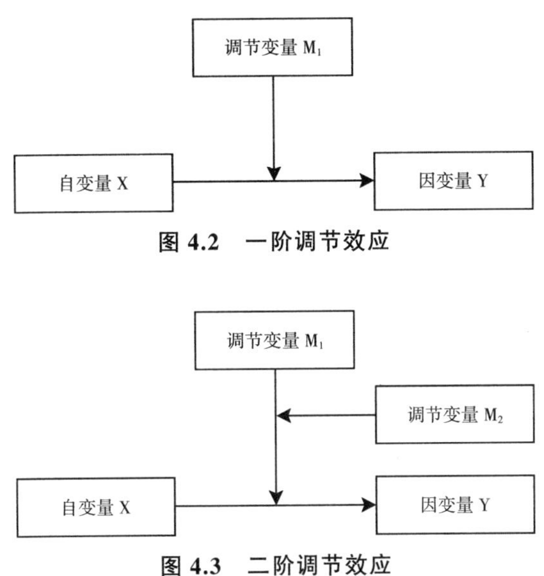

图 4.2　一阶调节效应

图 4.3　二阶调节效应

4.4.2 回归模型设定

由于本书采用退出方式和退出期限两种形式间接测度风投机构的投资绩效，所以在检验风投机构网络能力对其投资绩效的影响时，也将对网络能力和退出方式、网络能力和退出期限分别进行回归分析。

由于退出方式是用是否退出来衡量，是个 0~1 离散变量，而现有研究中应用最多的二值离散模型为 Probit，所以在检验风投机构网络能力与退出方式关系时，本书也选用该模型进行回归分析，具体回归分析模型如下：

$$P(SE_i = 1 | X) = \phi(\beta_0 + \beta_1 NC_i + \beta_2 ND_i + \beta_3 NP_i + \beta_4 RE_i + \beta_5 IE + \beta_6 AG + \beta_7 SS + \beta_8 IS + \beta_9 DI + \beta_{10} DY + \xi_i) \tag{4-3}$$

式中，$SE_i = 1$，NC、ND、NP、RE、IE、AG、SS、IS、DI、DY、ξ 分别表示成功退出、网络能力、网络位置、关系嵌入、累计投资轮次、风投机构年龄、联合投资规模、投资阶段、行业虚拟变量、年度虚拟变量和随机扰动项。

检验风投机构网络能力与退出期限关系时，由于退出期限属于截尾数据，选用对总体分布无须做出任何假设的期限模型中使用最为广泛的 Cox 比例风险模型（Cox D. R.，1992）。在该模型中，若自变量的系数为正，说明自变量值越大，风险概率越大，退出期限期望期限越短；反之，若自变量的系数为负，说明变量值越大，风险概率越小，退出期限期望期限越长。具体模型如下：

$$h(t/i) = h_0(t)\exp(\beta_0 + \beta_1 NC_i + \beta_2 ND_i + \beta_3 NP_i + \beta_4 RE_i + \beta_5 IE + \beta_6 AG + \beta_7 SS + \beta_8 IS + \beta_9 DI + \beta_{10} DY + \xi_i) \tag{4-4}$$

式中，t/i 表示风投机构 i 在 t 时刻退出的风险概率，其他符号同上。

4.5 小 结

本章是本书的衔接部分，主要是为下一部分的经验检验做准备工作。本章首先介绍了联合投资网络的界定方法与样本数据的搜集过程；其次详细阐述了本书的被解释变量、解释变量、调节变量的界定与测度方法，介绍了控制变量的选取依据以及度量方法；再次展示了样本数据的描述性统计结果；最后简要介绍了经验检验所使用的统计分析方法、模型及其选择的依据。

5 经验检验与结果讨论

以上一章的内容为基础，本章运用回归分析法，使用 SPSS13.0 统计软件对第 3 章提出的研究假设进行经验检验，并对结果进行讨论。具体来说，本章内容从三个方面展开：首先，从网络资源感知先动能力和网络资源配置利用能力两个方面对网络能力与投资绩效的关系进行了检验；其次，从网络结构嵌入（网络密度、网络位置）与网络关系嵌入（关系强度）及其交互方面，分别检验了网络嵌入对风投机构网络能力与投资绩效关系的一阶与二阶调节效应；最后，对经验检验结果进行讨论。

5.1 网络能力对投资绩效影响的检验

本部分内容检验风投机构的网络能力对投资绩效的影响作用。由于本书从网络资源感知先动能力和网络资源配置利用能力两个维度刻画风投机构的网络能力，从退出方式和退出期限两个方面度量风投机构的投资绩效，因而经验检验将从网络资源感知先动能力和网络资源配置利用能力两个方面，分别展开分析它们对退出方式和退出期限的影响。

5.1.1 网络资源感知先动能力与投资绩效

5.1.1.1 网络资源感知先动能力与退出方式

采用逐步回归法分两步进行，结果如表 5.1 模型 1 所示。第一步是仅含控制变量的基本模型（见表 5.1 中模型 1–1），回归结果显示投资经验（系数为 $\beta = -0.636$，$p < 0.01$）对 IPO 或 M&A 退出方式具有显著负向影响，风投机构年龄（系数为 $\beta = 0.059$，$p < 0.01$）对 IPO 或 M&A 退出方式具有显著正向影响，联合投资规模（系数为 $\beta = 0.228$，$p < 0.01$）对 IPO 或 M&A 退出方式具有显著正向影响，早期（系数为 $\beta = -2.401$，$p < 0.01$）、发展期（系数为 $\beta = -1.171$，$p < 0.05$）与扩张期（系数为 $\beta = -0.327$，$p < 0.10$）等投资阶段对 IPO 或 M&A 退出方式具有显著负向影响，以及处于长三角地区的风投机构（系数为 $\beta = -1.239$，$p < 0.05$）对 IPO 或 M&A 退出方式具有显著负向影响，电信及增值（系数为 $\beta = -0.372$，$p < 0.05$）、医疗健康（系数为 $\beta = -0.587$，$p < 0.05$）对 IPO 或 M&A 退出方式具有显著负向影响，其他控制变量的影响均未通过统计学上的显著性检验。

第二步是在控制变量基础上引入风投机构网络资源感知先动能力的模型（见表 5.1 中模型 1–2）。回归结果表明，风投机构网络资源感知先动能力与 IPO 或 M&A 退出方式之间存在显著的正向关系（系数为 $\beta = 0.269$，$p < 0.05$），说明风投机构网络资源感知先动能力越强，通过 IPO 或 M&A 退出的可能性越大。该模型中，投资经验（系数为 $\beta = -0.550$，$p < 0.05$）对 IPO 或 M&A 退出方式具有显著负向影响，风投机构年龄（系数为 $\beta = 0.047$，$p < 0.05$）对 IPO 或 M&A 退出方式具有显著正向影响，联合投资规模（系数为 $\beta = 0.201$，$p < 0.01$）对 IPO 或 M&A 退出方式具有显著正向影响，早期（系数为 $\beta = -2.224$，$p < 0.05$）、发展期（系数为 $\beta = -1.125$，$p < 0.05$）投资阶段对 IPO 或 M&A 退出方式具有显著负向影响，以及处于长三角地区的风投机构（系数为 $\beta = -0.717$，$p < 0.05$）与珠三角地区的风投机构（系数为 $\beta = 0.217$，$p < 0.10$）对 IPO 或 M&A 退出方式分别具有显著负向与正向影响，

电信及增值（系数为 $\beta = -0.328$，$p < 0.05$）、医疗健康（系数为 $\beta = -0.524$，$p < 0.05$）对 IPO 或 M&A 退出方式具有显著负向影响。

5.1.1.2 网络资源感知先动能力与退出期限

采用逐步回归法分两步进行，结果如表 5.1 模型 2 所示。第一步是仅含控制变量的基本模型（见模型 2–1），回归结果显示投资经验（系数为 $\beta = -0.841$，$p < 0.01$）对 IPO 或 M&A 退出期限具有显著负向影响，风投机构年龄（系数为 $\beta = 0.161$，$p < 0.01$）对 IPO 或 M&A 退出期限具有显著正向影响，早期（系数为 $\beta = -1.802$，$p < 0.01$）、发展期（系数为 $\beta = -0.972$，$p < 0.05$）与扩张期（系数为 $\beta = -0.816$，$p < 0.01$）等投资阶段对 IPO 或 M&A 退出期限具有显著负向影响，医疗健康（系数为 $\beta = -1.117$，$p < 0.05$）对退出期限具有显著负向影响，其他控制变量的影响均未通过统计学上的显著性检验。

第二步是在控制变量基础上引入风投机构网络资源感知先动能力的模型（见模型 2–2），回归结果表明，风投机构网络资源感知先动能力与退出期限之间存在显著的正向关系（系数为 $\beta = 0.281$，$p < 0.01$），说明风投机构网络资源感知先动能力越强，退出期限越短。该模型中，投资经验（系数为 $\beta = 0.552$，$p < 0.05$）对 IPO 或 M&A 退出期限具有显著负向影响，风投机构年龄（系数为 $\beta = 0.119$，$p < 0.05$）对 IPO 或 M&A 退出期限具有显著正向影响，早期（系数为 $\beta = -1.275$，$p < 0.01$）、发展期（系数为 $\beta = -0.752$，$p < 0.01$）与扩张期（系数为 $\beta = -0.578$，$p < 0.01$）等投资阶段对 IPO 或 M&A 退出期限具有显著负向影响，医疗健康（系数为 $\beta = -0.884$，$p < 0.05$）对退出期限具有显著负向影响。

综合以上分析，假设 1a 得以验证。

表 5.1 网络资源感知先动能力与投资绩效

	模型 1——IPO 退出的 Probit 模型回归				模型 2——退出速度的 Cox 模型回归			
	模型 1-1		模型 1-2		模型 2-1		模型 2-2	
	系数	标准误	系数	标准误	系数	标准误	系数	标准误
网络资源感知先动能力			0.269**	0.132			0.281***	0.089
投资经验	−0.636***	0.321	−0.550**	0.261	−0.841***	0.232	0.552**	0.241
风投机构年龄	0.059***	0.018	0.047**	0.023	0.161***	0.038	0.119**	0.051
联合投资规模	0.228***	0.081	0.201***	0.068	0.098	0.101	0.047	0.054
京津地区风投机构	−0.481	0.389	−0.291	0.301	0.466	0.411	0.311	0.273
长三角地区风投机构	−1.239**	0.497	−0.717**	0.321	−0.099	0.489	0.058	0.302
珠三角地区风投机构	0.253	0.332	0.217*	0.121	0.451	0.512	0.316	0.324
早期	−2.401***	0.711	−2.224**	0.895	−1.802***	0.512	−1.275***	0.364
发展期	−1.171**	0.571	−1.125**	0.522	−0.972**	0.472	−0.752***	0.232
扩张期	−0.327*	0.166	−0.295	0.317	−0.816***	0.241	−0.578***	0.173
互联网	−0.251	0.271	−0.213	0.207	−0.245	0.351	−0.167	0.262
电信及增值	−0.372**	0.178	−0.328**	0.153	−0.052	0.271	−0.037	0.433
IT	0.124	0.213	0.116	0.209	0.284	0.323	−0.206	0.311
能源及矿产	0.029	0.044	0.019	0.031	0.521	0.494	−0.393	0.301
医疗健康	−0.587**	0.277	−0.524**	0.256	−1.117**	0.507	−0.884**	0.426
2007 年	−0.149	0.877	−0.131	1.111	−1.522	1.312	−1.301	0.913
2008 年	−0.466	0.621	−0.381	0.788	−1.211	1.013	−0.922	0.741

续表

	模型 1——IPO 退出的 Probit 模型回归				模型 2——退出速度的 Cox 模型回归			
	模型 1–1		模型 1–2		模型 2–1		模型 2–2	
	系数	标准误	系数	标准误	系数	标准误	系数	标准误
京津地区风险项目	–0.391	0.413	–0.320	0.399	–0.519	0.493	–0.372	0.349
珠三角地区风险项目	–0.023	0.031	–0.019	0.023	–0.253	0.301	–0.189	0.233
长三角地区风险项目	–0.434	0.501	–0.391	0.425	–0.624	0.699	–0.488	0.434
常数项	–0.859*	0.424	–0.789*	0.439				
对数似然值	–1019.62		–1000.29		7881.465		7842.935	
LR 统计量	1388.192		1318.364		1547.539		1537.738	
样本量	2483		2483		2483		2483	

注："*""**""***"分别表示在 10%、5%、1%的水平上显著。

5.1.2 网络资源配置利用能力与投资绩效

5.1.2.1 网络资源配置利用能力与退出方式

采用逐步回归法分两步进行，结果如表 5.2 模型 1 所示。第一步是仅含控制变量的基本模型（见表 5.2 中模型 1–1），回归结果显示投资经验（系数为 $\beta = -0.636$，$p < 0.01$）对 IPO 或 M&A 退出方式具有显著负向影响，风投机构年龄（系数为 $\beta = 0.059$，$p < 0.01$）对 IPO 或 M&A 退出方式具有显著正向影响，联合投资规模（系数为 $\beta = 0.228$，$p < 0.01$）对 IPO 或 M&A 退出方式具有显著正向影响，早期（系数为 $\beta = -2.401$，$p < 0.01$）、发展期（系数为 $\beta = -1.171$，$p < 0.05$）与扩张期（系数为 $\beta = -0.327$，$p < 0.10$）等投资阶段对 IPO 或 M&A 退出方式具有显著负向影响，以及处于长三角地区的风投机构（系数为 $\beta = -1.239$，$p < 0.05$）对 IPO 或 M&A 退出方式具有显著负向影响，电信及增值（系数为 $\beta = -0.372$，$p < 0.05$）、医疗健康（系数为 $\beta = -0.587$，$p < 0.05$）对 IPO 或 M&A 退出方式具有显著负向影响，其他控制变量的影响均未通过统计学上的显著性检验。

第二步是在控制变量基础上，引入风投机构网络资源配置利用能力的模型（见表 5.2 模型 1–2），回归结果显示风投机构网络资源配置利用能力与 IPO 或 M&A 退出方式之间存在显著的正向关系（系数为 $\beta = 0.282$，$p < 0.05$），说明风投机构网络资源配置利用能力越强，通过 IPO 或 M&A 退出的可能性越大。

另外，该模型中，投资经验（系数为 $\beta = -0.476$，$p < 0.05$）对 IPO 或 M&A 退出方式具有显著负向影响，风投机构年龄（系数为 $\beta = 0.038$，$p < 0.05$）对 IPO 或 M&A 退出方式具有显著正向影响，联合投资规模（系数为 $\beta = 0.167$，$p < 0.01$）对 IPO 或 M&A 退出方式具有显著正向影响，早期（系数为 $\beta = -2.191$，$p < 0.01$）、发展期（系数为 $\beta = -1.104$，$p < 0.05$）投资阶段对 IPO 或 M&A 退出方式具有显著负向影响，以及处于长三角地区的风投机构（系数为 $\beta = -0.603$，$p < 0.10$）对 IPO 或 M&A 退出方式具有显著负

向影响，电信及增值（系数为 $\beta=-0.292$，$p<0.05$）、医疗健康（系数为 $\beta=-0.467$，$p<0.05$）对 IPO 或 M&A 退出方式具有显著负向影响。

5.1.2.2 网络资源配置利用能力与退出期限

采用逐步回归法分两步进行，结果如表 5.2 模型 2 所示。第一步是仅含控制变量的基本模型（见模型 2–1），回归结果显示投资经验（系数为 $\beta=-0.841$，$p<0.01$）对 IPO 或 M&A 退出期限具有显著负向影响，风投机构年龄（系数为 $\beta=0.161$，$p<0.01$）对 IPO 或 M&A 退出期限具有显著正向影响，早期（系数为 $\beta=-1.802$，$p<0.01$）、发展期（系数为 $\beta=-0.972$，$p<0.05$）与扩张期（系数为 $\beta=-0.816$，$p<0.01$）等投资阶段对 IPO 或 M&A 退出期限具有显著负向影响，医疗健康（系数为 $\beta=-1.117$，$p<0.05$）对退出期限具有显著负向影响，其他控制变量的影响均未通过统计学上的显著性检验。

第二步是在控制变量基础上引入风投机构网络资源配置利用能力的模型（见表 5.2 模型 2–2），回归结果显示风投机构网络资源配置利用能力与 IPO 或 M&A 退出期限之间存在显著的正向关系（系数为 $\beta=0.313$，$p<0.05$），说明风投机构网络资源配置利用能力越强，通过 IPO 或 M&A 退出期限越短。

另外，该模型中，投资经验（系数为 $\beta=0.526$，$p<0.05$）对 IPO 或 M&A 退出期限具有显著正向影响，风投机构年龄（系数为 $\beta=0.103$，$p<0.05$）对 IPO 或 M&A 退出期限具有显著正向影响，早期（系数为 $\beta=-1.189$，$p<0.01$）、发展期（系数为 $\beta=-0.694$，$p<0.01$）与扩张期（系数为 $\beta=-0.511$，$p<0.05$）等投资阶段对 IPO 或 M&A 退出期限具有显著负向影响，医疗健康（系数为 $\beta=-0.807$，$p<0.05$）对退出期限具有显著负向影响。

综合以上分析，假设 1b 得以验证。

表 5.2　网络资源配置利用能力与投资绩效

	模型 1——IPO 退出的 Probit 模型回归				模型 2——退出速度的 Cox 模型回归			
	模型 1-1		模型 1-2		模型 2-1		模型 2-2	
	系数	标准误	系数	标准误	系数	标准误	系数	标准误
网络资源配置利用能力			0.282**	0.134			0.313**	0.152
投资经验	−0.636***	0.321	−0.476**	0.233	−0.841***	0.232	0.526**	0.223
风投机构年龄	0.059***	0.018	0.038**	0.018	0.161***	0.038	0.103**	0.048
联合投资规模	0.228***	0.081	0.167***	0.054	0.098	0.101	0.041	0.049
京津地区风投机构	−0.481	0.389	−0.212	0.252	0.466	0.411	−0.292	0.271
长三角地区风投机构	−1.239**	0.497	−0.603*	0.311	−0.099	0.489	−0.052	0.310
珠三角地区风投机构	0.253	0.332	0.198	0.212	0.451	0.512	0.302	0.299
早期	−2.401***	0.711	−2.191***	0.595	−1.802***	0.512	−1.189***	0.336
发展期	−1.171**	0.571	−1.104**	0.516	−0.972**	0.472	−0.694***	0.226
扩张期	−0.327*	0.166	−0.236	0.378	−0.816***	0.241	−0.511**	0.248
互联网	−0.251	0.271	−0.187	0.191	−0.245	0.351	−0.158	0.221
电信及增值	−0.372**	0.178	−0.292**	0.142	−0.052	0.271	−0.031	0.442
IT	0.124	0.213	0.098	0.154	0.284	0.323	−0.187	0.284
能源及矿产	0.029	0.044	0.014	0.035	0.521	0.494	−0.335	0.296
医疗健康	−0.587**	0.277	−0.467**	0.226	−1.117**	0.507	−0.807**	0.386
2007 年	−0.149	0.877	−0.122	1.241	−1.522	1.312	−1.181	0.887
2008 年	−0.466	0.621	−0.314	0.633	−1.211	1.013	−0.901	0.736

续表

	模型 1——IPO 退出的 Probit 模型回归				模型 2——退出速度的 Cox 模型回归			
	模型 1-1		模型 1-2		模型 2-1		模型 2-2	
	系数	标准误	系数	标准误	系数	标准误	系数	标准误
京津地区风险项目	-0.391	0.413	-0.299	0.322	-0.519	0.493	-0.332	0.356
珠三角地区风险项目	-0.023	0.031	-0.014	0.022	-0.253	0.301	-0.177	0.222
长三角地区风险项目	-0.434	0.501	-0.354	0.398	-0.624	0.699	-0.446	0.418
常数项	-0.859*	0.424	-0.767*	0.451				
对数似然值	-1019.62		-999.211		7881.465			
LR 统计量	1388.192		1221.124		1547.539			
样本量	2483		2483		2483			

注："*""**""***"分别表示在 10%、5%、1%的水平上显著。

5.2 网络嵌入对网络能力与投资绩效关系的调节效应检验

本部分内容检验联合投资网络嵌入对风投机构网络能力与投资绩效关系的调节效应。由于本书从结构嵌入、关系嵌入及其交互三个方面刻画联合投资网络的嵌入特征，而网络能力又分成网络资源感知先动能力和网络资源配置利用能力两个维度，因而经验检验将从结构嵌入、关系嵌入及其交互三个方面，分别展开分析联合投资网络嵌入特征对风投机构网络资源感知先动能力与投资绩效、风投机构网络资源配置利用能力与投资绩效关系的影响。

5.2.1 结构嵌入的一阶调节

本部分内容检验联合投资网络的结构嵌入对风投机构网络能力与投资绩效关系的调节效应。由于本书从网络密度和网络位置两个方面来刻画联合投资网络结构的嵌入特征，而网络能力又分成网络资源感知先动能力和网络资源配置利用能力两个维度，因而经验检验将从网络密度、网络位置两个方面，分别展开分析联合投资网络结构嵌入特征对风投机构网络资源感知先动能力与投资绩效、风投机构网络资源配置利用能力与投资绩效关系的影响。

5.2.1.1 网络密度对网络资源感知先动能力与投资绩效的调节

本部分内容检验网络密度对风投机构网络资源感知先动能力与投资绩效关系的调节效应。

首先，检验网络密度对风投机构网络资源感知先动能力与退出方式关系的调节效应。在表 5.1 模型 1 的基础上，依次引入网络密度、网络密度与网络资源感知先动能力的乘积项进入模型，结果如表 5.3 模型 1 所示。表 5.3 中模型 1-1 的回归结果表明，网络资源感知先动能力对风投机构 IPO 或

表 5.3 网络密度对网络资源感知先动能力与投资绩效关系的调节作用

	模型 1——IPO 退出的 Probit 模型回归				模型 2——退出速度的 Cox 模型回归			
	模型 1–1		模型 1–2		模型 2–1		模型 2–2	
	系数	标准误	系数	标准误	系数	标准误	系数	标准误
网络资源感知先动能力	0.228*	0.109	0.199*	0.102	0.271**	0.131	0.226**	0.111
网络密度	0.211*	0.101	0.177*	0.099	0.224**	0.110	0.131**	0.061
网络密度×网络资源感知先动能力			–0.113*	0.066			–0.121**	0.056
投资经验	–0.568**	0.231	–0.431*	0.225	0.601**	0.242	–0.482*	0.256
风投机构年龄	0.046**	0.019	0.032**	0.014	0.062**	0.028	0.041	0.124
联合投资规模	0.511***	0.121	0.342***	0.096	0.622	0.986	0.421	0.643
京津地区风投机构	–0.688	0.721	–0.502	0.488	–0.701	0.883	–0.523**	0.231
长三角地区风投机构	–1.221*	0.623	–1.042**	0.498	–2.021	3.121	–1.181	2.251
珠三角地区风投机构	0.788	0.936	0.625*	0.326	0.841	1.011	0.624	0.854
早期	–1.304***	0.313	–1.008**	0.421	–1.782***	0.310	–1.213*	0.872
发展期	–0.429***	0.122	–0.266*	0.132	–0.890**	0.356	–0.502*	0.261
扩张期	–0.286	0.566	–0.211	0.321	–0.360**	0.172	–0.299	0.442
互联网	–0.398	0.456	–0.302	0.688	–0.401	0.522	–0.311	0.434
电信及增值	–0.241**	0.111	–0.187*	0.099	–0.261	0.462	–0.212	0.306
IT	0.093	0.136	0.071	0.166	–0.171	0.258	0.132	0.265
能源及矿产	0.289	0.322	0.211	0.336	–0.364	0.566	0.265	0.433

续表

	模型 1——IPO 退出的 Probit 模型回归				模型 2——退出速度的 Cox 模型回归			
	模型 1-1		模型 1-2		模型 2-1		模型 2-2	
	系数	标准误	系数	标准误	系数	标准误	系数	标准误
医疗健康	-0.455**	0.211	-0.355*	0.191	-0.622**	0.262	-0.461*	0.242
2007 年	-0.146	0.265	-0.121	0.311	-0.322	0.621	-0.189	1.210
2008 年	-0.123	0.321	-0.361	0.532	-0.301	0.462	-0.262	0.398
京津地区风险项目	-0.588	0.699	-0.441	0.368	-0.632	0.788	-0.463	0.522
珠三角地区风险项目	-0.231	0.423	0.169	0.287	-0.302	0.423	0.211	0.256
长三角地区风险项目	-0.589	0.658	-0.501	0.712	-0.601	0.733	-0.502	0.698
常数项	-0.721*	0.368	-0.652*	0.331				
-2LL	-994.210		-969.622		7810.243		7739.221	
Chi-square	1218.361		1164.214		1494.124		1416.269	
样本量	2483		2483		2483		2483	

注："*""**""***"分别表示在 10%、5%、1%的水平上显著。

M&A 退出方式具有显著的正向影响（系数为 $\beta = 0.228$，$p < 0.10$），网络密度对风投机构 IPO 或 M&A 退出方式具有显著的正向影响（系数为 $\beta = 0.211$，$p < 0.10$）。表 5.3 中模型 1–2 的回归结果表明，网络资源感知先动能力对风投机构 IPO 或 M&A 退出方式具有显著的正向影响（系数为 $\beta = 0.199$，$p < 0.10$），网络密度对风投机构 IPO 或 M&A 退出方式具有显著的正向影响（系数为 $\beta = 0.177$，$p < 0.10$），网络密度与网络资源感知先动能力的乘积项与风投机构 IPO 或 M&A 退出方式间存在显著的负相关关系（系数为 $\beta = -0.113$，$p < 0.10$），说明网络密度负向调节着风投机构网络资源感知先动能力与 IPO 或 M&A 退出方式之间的关系。

其次，检验网络密度对风投机构网络资源感知先动能力与退出期限关系的调节效应。在表 5.1 模型 2 的基础上，依次引入网络密度、网络密度与网络资源感知先动能力的乘积项进入模型，结果如表 5.3 模型 2 所示。表 5.3 中模型 2–1 回归结果表明，网络资源感知先动能力对风投机构退出期限具有显著的正向影响（系数为 $\beta = 0.271$，$p < 0.05$），网络密度对风投机构退出期限具有显著的正向影响（系数为 $\beta = 0.224$，$p < 0.05$）。表 5.3 中模型 2–2 回归结果表明，网络资源感知先动能力对风投机构退出期限具有显著的正向影响（系数为 $\beta = 0.226$，$p < 0.05$），网络密度对风投机构退出期限具有显著的正向影响（系数为 $\beta = 0.131$，$p < 0.05$），网络密度与网络资源感知先动能力的乘积项与风投机构退出期限间存在显著的负相关关系（系数为 $\beta = -0.121$，$p < 0.05$），说明网络密度负向调节着风投机构网络资源感知先动能力与退出期限之间的关系。

综上，假设 2a 得以验证。

为了更直观地揭示网络密度对风投机构网络资源感知先动能力与投资绩效之间关系的调节作用，本书给出了两个变量的交互作用图，如图 5.1 中的（a）和（b）所示。其中，图 5.1(a) 反映的是网络密度对风投机构网络资源感知先动能力与 IPO 或 M&A 退出方式之间关系的调节效应，图 5.1(b) 反映的是网络密度对风投机构网络资源感知先动能力与退出期限之间关系的调节效应。

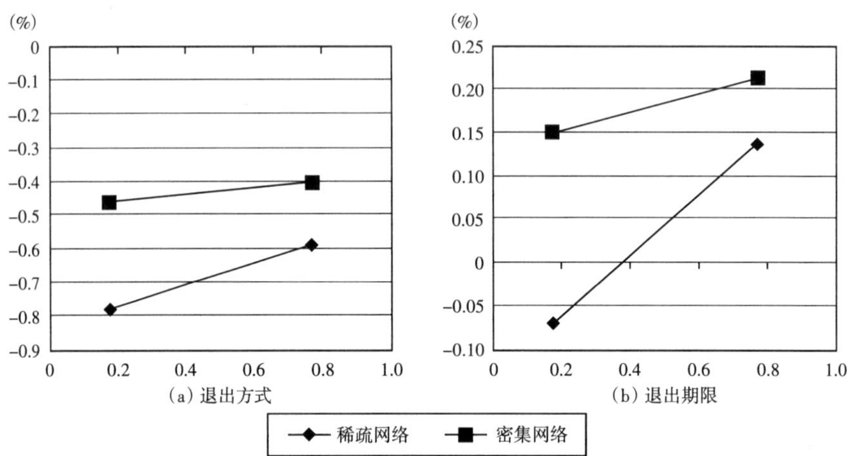

图 5.1 网络密度对网络资源感知先动能力和投资绩效之间关系的调节作用

5.2.1.2 网络位置对网络资源感知先动能力与投资绩效的调节

本部分内容用特征向量中心性检验网络位置对风投机构网络资源感知先动能力与投资绩效关系的调节效应。

首先，检验特征向量中心性对风投机构网络资源感知先动能力与退出方式关系的调节效应。在表 5.1 模型 1–2 的基础上，依次引入特征向量中心性、特征向量中心性与网络资源感知先动能力的乘积项进入模型，结果如表 5.4 模型 1 所示。表 5.4 模型 1–1 的回归结果表明，网络资源感知先动能力对风投机构 IPO 或 M&A 退出方式具有显著的正向影响（系数为 $\beta = 0.209$，$p < 0.10$），特征向量中心性对风投机构 IPO 或 M&A 退出方式具有显著的正向影响（系数为 $\beta = 0.312$，$p < 0.05$）。表 5.4 中模型 1–2 的回归结果表明，网络资源感知先动能力对风投机构 IPO 或 M&A 退出方式具有显著的正向影响（系数为 $\beta = 0.199$，$p < 0.10$），特征向量中心性对风投机构 IPO 或 M&A 退出方式具有显著的正向影响（系数为 $\beta = 0.281$，$p < 0.01$）；特征向量中心性与网络资源感知先动能力的乘积项与风投机构 IPO 或 M&A 退出方式存在显著的负向关系（系数为 $\beta = -0.172$，$p < 0.05$），说明特征向量中心性负向调节着风投机构网络资源感知先动能力与 IPO 或 M&A 退出方式之间的关系。

其次，检验特征向量中心性对风投机构网络资源感知先动能力与退出期

表 5.4 网络位置对网络资源感知先动能力与投资绩效关系的调节作用

	模型 1——IPO 退出的 Probit 模型回归				模型 2——退出速度的 Cox 模型回归			
	模型 1-1		模型 1-2		模型 2-1		模型 2-2	
	系数	标准误	系数	标准误	系数	标准误	系数	标准误
网络资源感知先动能力	0.209*	0.101	0.199*	0.109	0.249**	0.118	0.211**	0.104
特征向量中心性	0.312**	0.119	0.281***	0.092	0.344**	0.157	0.288***	0.057
特征向量中心性×网络资源感知先动能力			-0.172**	0.079			-0.181**	0.084
投资经验	-0.455**	0.213	-0.402*	0.212	0.531**	0.241	-0.472*	0.249
风投机构年龄	0.041**	0.020	0.032*	0.017	0.101**	0.034	0.089**	0.037
联合投资规模	0.185***	0.051	0.152***	0.038	0.039	0.051	0.031	0.039
京津地区风投机构	-0.216	0.321	-0.181	0.192	-0.301	0.351	-0.246	0.222
长三角地区风投机构	-0.571*	0.292	-0.517*	0.271	-0.049	0.122	-0.040	0.142
珠三角地区风投机构	0.190	0.234	0.181	0.213	0.311	0.364	0.281	0.263
早期	-2.282***	0.601	-2.108***	0.476	-1.178***	0.319	-1.108***	0.426
发展期	-1.203**	0.601	-1.109*	0.574	-0.561***	0.181	-0.459*	0.264
扩张期	-0.256	0.401	-0.221*	0.122	-0.502**	0.242	-0.421*	0.222
互联网	-0.202	0.279	-0.181	0.179	-0.156	0.246	-0.141	0.169
电信及增值	-0.271**	0.124	-0.235	0.224	-0.041	0.532	-0.025	0.121
IT	0.143	0.231	0.112	0.151	-0.173	0.301	0.162	0.181
能源及矿产	0.111	0.123	-0.016	0.028	-0.362	0.399	-0.316	0.338

续表

	模型1——IPO退出的Probit模型回归				模型2——退出速度的Cox模型回归			
	模型1-1		模型1-2		模型2-1		模型2-2	
	系数	标准误	系数	标准误	系数	标准误	系数	标准误
医疗健康	-0.486**	0.231	-0.423**	0.211	-0.801**	0.343	-0.723*	0.364
2007年	-0.127	1.322	-0.111	1.109	-1.172	0.111	-1.101	1.123
2008年	-0.335	0.431	-0.301	0.621	-0.877	0.901	-0.791	1.354
京津地区风险项目	-0.299	0.358	0.274	0.311	-0.311	0.398	0.264	0.291
珠三角地区风险项目	-0.019	0.031	-0.015	0.023	-0.167	0.321	-0.145	0.223
长三角地区风险项目	-0.357	0.446	-0.341	0.499	-0.412	0.446	-0.381	0.379
常数项	-0.651*	0.311	-0.573*	0.288				
对数似然值	-990.341		-981.891		7814.325		7773.852	
LR统计量	1219.543		1207.275		1498.142		1471.485	
样本量	2483		2483		2483		2483	

注："*""**""***"分别表示在10%、5%、1%的水平上显著。

限关系的调节效应。在表 5.1 模型 2-2 的基础上，依次引入特征向量中心性、特征向量中心性与网络资源感知先动能力的乘积项进入模型，结果如表 5.4 模型 2 所示。表 5.4 模型 2-1 的回归结果表明，网络资源感知先动能力对风投机构退出期限具有显著的正向影响（系数为 $\beta = 0.249$，$p < 0.05$），特征向量中心性对风投机构退出期限具有显著的正向影响（系数为 $\beta = 0.344$，$p < 0.05$）。表 5.4 模型 2-2 的回归结果表明，网络资源感知先动能力对风投机构退出期限具有显著的正向影响（系数为 $\beta = 0.211$，$p < 0.05$），特征向量中心性对风投机构退出期限具有显著的正向影响（系数为 $\beta = 0.288$，$p < 0.01$），特征向量中心性与网络资源感知先动能力的乘积项与退出期限（系数为 $\beta = -0.181$，$p < 0.05$）存在显著的负向关系，说明特征向量中心性负向调节着风投机构网络资源感知先动能力与退出期限之间的关系。

综合以上分析，假设 3a 通过检验。

为了更直观地揭示网络位置对风投机构网络资源感知先动能力与投资绩效之间关系的调节作用，本书给出了两个变量的交互作用图，如图 5.2 中的（a）和（b）所示。其中，图 5.2(a) 反映的是网络位置对风投机构网络资源感知先动能力与 IPO 或 M&A 退出方式之间关系的调节效应，图 5.2(b) 反映的

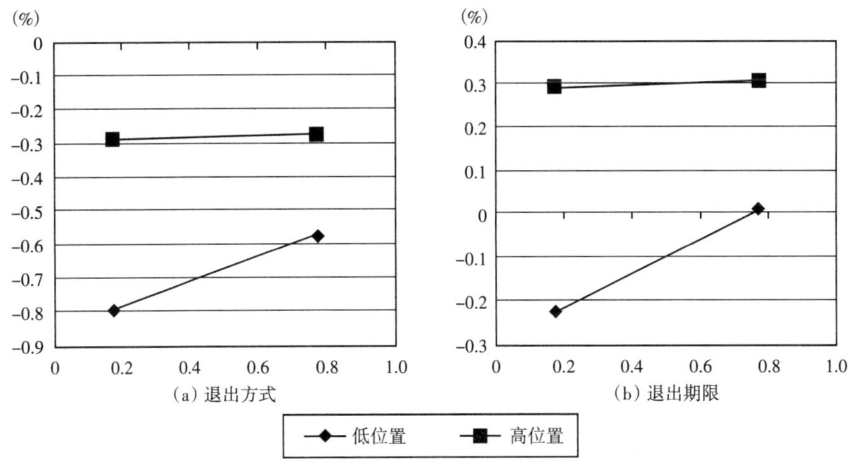

图 5.2 网络位置对网络资源感知先动能力和投资绩效之间关系的调节作用

是网络位置对风投机构网络资源感知先动能力与退出期限之间关系的调节效应。

5.2.1.3 网络密度对网络资源配置利用能力与投资绩效的调节

本部分内容检验网络密度对风投机构网络资源配置利用能力与投资绩效关系的调节效应。

首先，检验网络密度对风投机构网络资源配置利用能力与退出方式关系的调节效应。在表 5.2 模型 1–2 的基础上，依次引入网络密度、网络密度与网络资源配置利用能力的乘积项进入模型，结果如表 5.5 模型 1 所示。表 5.5 中模型 1–1 的回归结果表明，网络资源配置利用能力对风投机构 IPO 或 M&A 退出方式具有显著的正向影响（系数为 $\beta = 0.241$，$p < 0.10$），网络密度对风投机构 IPO 或 M&A 退出方式具有显著的正向影响（系数为 $\beta = 0.252$，$p < 0.05$）。表 5.5 中模型 1–2 的回归结果表明，网络资源配置利用能力对风投机构 IPO 或 M&A 退出方式具有显著的正向影响（系数为 $\beta = 0.222$，$p < 0.05$），网络密度对风投机构 IPO 或 M&A 退出方式具有显著的正向影响（系数为 $\beta = 0.182$，$p < 0.01$），网络密度与网络资源配置利用能力的乘积项与风投机构 IPO 或 M&A 退出方式间存在显著的负相关关系（系数为 $\beta = -0.134$，$p < 0.05$），说明网络密度负向调节着风投机构网络资源配置利用能力与 IPO 或 M&A 退出方式之间的关系。

其次，检验网络密度对风投机构网络资源配置利用能力与退出期限关系的调节效应。在表 5.2 模型 1–2 的基础上，依次引入网络密度、网络密度与网络资源配置利用能力的乘积项进入模型，结果如表 5.5 模型 2 所示。表 5.5 中模型 2–1 回归结果表明，网络资源配置利用能力对风投机构退出期限具有显著的正向影响（系数为 $\beta = 0.268$，$p < 0.05$），网络密度对风投机构退出期限具有显著的正向影响（系数为 $\beta = 0.272$，$p < 0.05$）。表 5.5 中模型 2–2 回归结果表明，网络资源配置利用能力对风投机构退出期限具有显著的正向影响（系数为 $\beta = 0.236$，$p < 0.05$），网络密度对风投机构退出期限具有显著的正向影响（系数为 $\beta = 0.202$，$p < 0.05$），网络密度与网络资源配置利

表 5.5 网络密度对网络资源配置利用能力与投资绩效关系的调节作用

	模型 1——IPO 退出的 Probit 模型回归				模型 2——退出速度的 Cox 模型回归			
	模型 1-1		模型 1-2		模型 2-1		模型 2-2	
	系数	标准误	系数	标准误	系数	标准误	系数	标准误
网络资源配置利用能力	0.241*	0.132	0.222**	0.102	0.268**	0.116	0.236**	0.111
网络密度	0.252**	0.123	0.182***	0.056	0.272**	0.124	0.202**	0.079
网络密度×网络资源配置利用能力			-0.134**	0.056			-0.142**	0.052
投资经验	-0.486**	0.212	-0.411	0.452	0.523	0.788	-0.401*	0.222
风投机构年龄	0.021**	0.007	0.019	0.031	0.043**	0.018	0.036**	0.012
联合投资规模	0.435***	0.121	0.312***	0.086	-0.092***	0.021	0.052	0.131
京津地区风投机构	-0.621	0.731	-0.471*	0.262	-0.646	0.719	-0.503	0.468
长三角地区风投机构	-2.313	3.465	-2.164	3.426	0.131*	0.512	-0.892*	0.450
珠三角地区风投机构	0.672	0.932	0.513*	0.277	0.452**	0.222	0.642	0.911
早期	-1.123***	0.301	-0.922**	0.332	-1.261***	0.322	-1.061*	0.622
发展期	-0.410**	0.193	-0.280**	0.122	-1.003**	0.465	-0.431*	0.212
扩张期	-0.321	0.523	-0.271	0.322	-0.438	0.598	-0.321	0.356
互联网	-0.320	0.431	-0.213	0.251	-0.413	0.392	-0.306	0.382
电信及增值	-0.241**	0.123	-0.176*	0.084	-0.261	0.342	-0.195	0.312
IT	0.081	0.213	0.061	0.112	-0.211	0.234	0.146	0.186
能源及矿产	0.171	0.352	0.112	0.198	-0.432**	0.201	0.362	0.632

续表

	模型 1——IPO 退出的 Probit 模型回归				模型 2——退出速度的 Cox 模型回归			
	模型 1-1		模型 1-2		模型 2-1		模型 2-2	
	系数	标准误	系数	标准误	系数	标准误	系数	标准误
医疗健康	−0.423**	0.202	−0.332	0.432	−0.562	0.698	−0.423**	0.203
2007 年	−0.241	1.632	−0.146	0.563	−1.089	1.621	−1.002	1.313
2008 年	−0.282	0.612	−0.101	0.231	−0.313	0.426	−0.168	0.193
京津地区风险项目	−0.482	0.523	−0.306	0.404	−0.533	0.603	−0.409	0.368
珠三角地区风险项目	−0.110	0.213	0.092	0.119	−0.120	0.136	0.104	0.219
长三角地区风险项目	−0.584	0.784	−0.483	0.609	0.502*	0.242	−0.432	0.754
常数项	−0.691*	0.363	−0.606*	0.309				
对数似然值	−992.688		−990.121		7802.321		7721.322	
LR 统计量	1211.421		1162.367		1492.326		1402.655	
样本量	2483		2483		2483		2483	

注："*""**""***"分别表示在 10%、5%、1%的水平上显著。

用能力的乘积项与风投机构退出期限间存在显著的负相关关系（系数为 β = –0.142，$p < 0.05$），说明网络密度负向调节着风投机构网络资源配置利用能力与退出期限之间的关系。

综合以上分析，假设 2b 得以验证。

为了更直观地揭示网络密度对风投机构网络资源配置利用能力与投资绩效之间关系的调节作用，本书给出了两个变量的交互作用图，如图 5.3 的（a）和（b）所示。其中，图 5.3(a) 反映的是网络密度对风投机构网络资源配置利用能力与 IPO 或 M&A 退出方式之间关系的调节效应，图 5.3(b) 反映的是网络密度对风投机构网络资源配置利用能力与退出期限之间关系的调节效应。

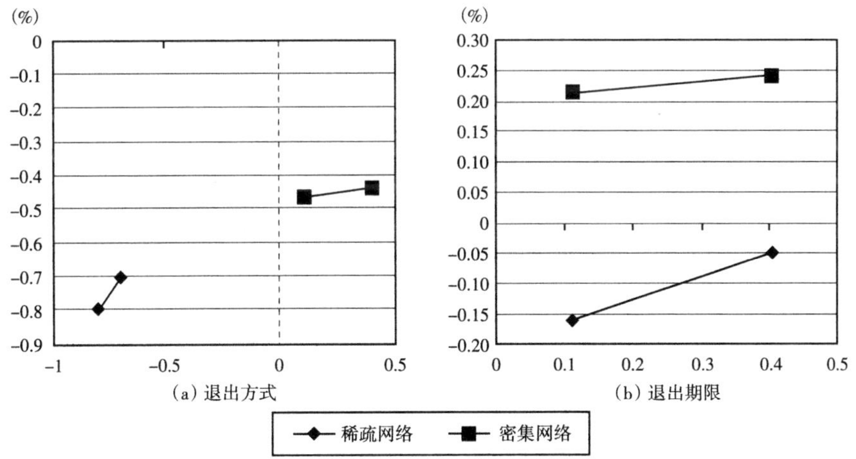

图 5.3 网络密度对网络资源配置利用能力和投资绩效之间关系的调节作用

5.2.1.4 网络位置对网络资源配置利用能力与投资绩效的调节

本部分内容用特征向量中心性检验网络位置对风投机构网络资源配置利用能力与投资绩效关系的调节效应。

首先，检验特征向量中心性对风投机构网络资源配置利用能力与退出方式关系的调节效应。在表 5.2 模型 1–2 的基础上，依次引入特征向量中心性、特征向量中心性与网络资源配置利用能力的乘积项进入模型，结果如表 5.6

模型 1 所示。表 5.6 模型 1–1 的回归结果表明，网络资源配置利用能力对风投机构 IPO 或 M&A 退出方式具有显著的正向影响（系数为 $\beta = 0.232$，$p < 0.10$），特征向量中心性对风投机构 IPO 或 M&A 退出方式具有显著的正向影响（系数为 $\beta = 0.302$，$p < 0.05$）。表 5.6 中模型 1–2 的回归结果表明，网络资源配置利用能力对风投机构 IPO 或 M&A 退出方式具有显著的正向影响（系数为 $\beta = 0.212$，$p < 0.01$），特征向量中心性对风投机构 IPO 或 M&A 退出方式具有显著的正向影响（系数为 $\beta = 0.269$，$p < 0.10$）；特征向量中心性与网络资源配置利用能力的乘积项与 IPO 或 M&A 退出方式存在不显著的负向关系（系数为 $\beta = -0.147$，$p > 0.10$），说明特征向量中心性虽然负向调节着风投机构网络资源配置利用能力与 IPO 或 M&A 退出方式之间的关系，但不显著。

其次，检验特征向量中心性对风投机构网络资源配置利用能力与退出期限关系的调节效应。在表 5.2 模型 1–2 的基础上，依次引入特征向量中心性、特征向量中心性与网络资源配置利用能力的乘积项进入模型，结果如表 5.6 模型 2 所示。表 5.6 模型 2–1 的回归结果表明，网络资源配置利用能力对风投机构退出期限具有显著的正向影响（系数为 $\beta = 0.302$，$p < 0.05$），特征向量中心性对风投机构退出期限具有显著的正向影响（系数为 $\beta = 0.338$，$p < 0.05$）。表 5.6 模型 2–2 的回归结果表明，网络资源配置利用能力对风投机构退出期限具有显著的正向影响（系数为 $\beta = 0.272$，$p < 0.05$），特征向量中心性对风投机构退出期限具有显著的正向影响（系数为 $\beta = 0.292$，$p < 0.01$），特征向量中心性与网络资源配置利用能力的乘积项与退出期限（系数为 $\beta = -0.161$，$p > 0.10$）存在不显著的负向关系，说明特征向量中心性虽然负向调节着风投机构网络资源配置利用能力与退出期限之间的关系，但不显著。

综合以上分析，假设 3b 未通过检验。

表 5.6 网络位置对网络资源配置利用能力与投资绩效关系的调节作用

	模型 1——IPO 退出的 Probit 模型回归				模型 2——退出速度的 Cox 模型回归			
	模型 1-1		模型 1-2		模型 2-1		模型 2-2	
	系数	标准误	系数	标准误	系数	标准误	系数	标准误
网络资源配置利用能力	0.232*	0.133	0.212***	0.063	0.302**	0.134	0.272**	0.128
特征向量中心性	0.302**	0.141	0.269*	0.138	0.338**	0.161	0.292***	0.067
特征向量中心性×网络资源配置利用能力			-0.147	0.192			-0.161	0.203
投资经验	-0.501**	0.241	-0.412*	0.216	0.551**	0.232	-0.462*	0.236
风投机构年龄	0.042**	0.016	0.034*	0.018	0.106**	0.049	0.090*	0.048
联合投资规模	0.171***	0.052	0.156***	0.051	0.043	0.051	0.033	0.042
京津地区风投机构	-0.199	0.211	-0.184	0.192	-0.304	0.387	-0.248	0.252
长三角地区风投机构	-0.611*	0.326	-0.531*	0.272	-0.050	0.299	-0.042	0.122
珠三角地区风投机构	0.211	0.228	0.183	0.203	0.289	0.321	0.259	0.234
早期	-2.221***	0.602	-2.117***	0.576	-1.164***	0.321	-1.117**	0.596
发展期	-1.301**	0.613	-1.111***	0.456	-0.581***	0.181	-0.451*	0.236
扩张期	-0.229	0.362	-0.211	0.324	-0.489**	0.233	-0.411	0.374
互联网	-0.201	0.222	-0.186	0.191	-0.147	0.261	-0.136	0.151
电信及增值	-0.284**	0.137	-0.236**	0.119	-0.029	0.325	-0.020	0.116
IT	0.116	0.181	0.102	0.187	-0.191	0.396	0.160	0.177
能源及矿产	0.017	0.068	0.011	0.027	-0.361	0.394	0.311	0.317

续表

	模型 1——IPO 退出的 Probit 模型回归				模型 2——退出速度的 Cox 模型回归			
	模型 1-1		模型 1-2		模型 2-1		模型 2-2	
	系数	标准误	系数	标准误	系数	标准误	系数	标准误
医疗健康	-0.484**	0.231	-0.399**	0.194	-0.780**	0.374	-0.699**	0.334
2007 年	-0.126	1.295	-0.113	1.444	-1.162	0.903	-1.075	1.111
2008 年	-0.332	0.601	-0.304	0.607	-0.867	0.922	-0.781	1.235
京津地区风险项目	-0.301	0.388	-0.257	0.288	-0.303	0.325	-0.261	0.297
珠三角地区风险项目	-0.011	0.029	-0.009	0.019	-0.169	0.229	-0.149	0.219
长三角地区风险项目	-0.342	0.401	-0.311	0.411	-0.422	0.488	-0.391	0.401
常数项	-0.674*	0.399	-0.526*	0.264				
对数似然值	-1001.243		-997.225		7811.128		7790.311	
LR 统计量	1219.216		1214.401		1499.236		1441.185	
样本量	2483		2483		2483		2483	

注："*""**""***"分别表示在 10%、5%、1%的水平上显著。

5.2.2 关系嵌入的一阶调节

本部分内容检验联合投资网络的关系嵌入对风投机构网络能力与投资绩效关系的调节效应。由于本书用关系强度来刻画联合投资网络结构的关系嵌入特征，而网络能力又分成网络资源感知先动能力和网络资源配置利用能力两个维度，因而经验检验将从关系强度对风投机构网络资源感知先动能力与投资绩效、关系强度对风投机构网络资源配置利用能力与投资绩效关系的影响两个方面展开分析。

5.2.2.1 关系强度对网络资源感知先动能力与投资绩效的调节

本部分内容检验关系强度对风投机构网络资源感知先动能力与投资绩效关系的调节效应。

首先，检验关系强度对风投机构网络资源感知先动能力与退出方式关系的调节效应。在表 5.1 模型 1–2 的基础上，依次引入关系强度、关系强度与网络资源感知先动能力的乘积项进入模型，结果如表 5.7 模型 1 所示。表 5.7 中模型 1–1 的回归结果表明，网络资源感知先动能力对风投机构 IPO 或 M&A 退出方式具有显著的正向影响（系数为 $\beta = 0.243$，$p < 0.10$），关系强度对风投机构 IPO 或 M&A 退出方式具有显著的正向影响（系数为 $\beta = 0.227$，$p < 0.05$）。表 5.7 中模型 1–2 的回归结果表明，网络资源感知先动能力对风投机构 IPO 或 M&A 退出方式具有显著的正向影响（系数为 $\beta = 0.213$，$p < 0.10$），关系强度对风投机构 IPO 或 M&A 退出方式具有显著的正向影响（系数为 $\beta = 0.198$，$p < 0.10$），关系强度与网络资源感知先动能力的乘积项与风投机构 IPO 或 M&A 退出方式间存在显著的正相关关系（系数为 $\beta = 0.138$，$p < 0.10$），说明关系强度正向调节着风投机构网络资源感知先动能力与 IPO 或 M&A 退出方式之间的关系。

其次，检验关系强度对风投机构网络资源感知先动能力与退出期限关系的调节效应。在表 5.1 模型 2–2 的基础上，依次引入关系强度、关系强度与网络资源感知先动能力的乘积项进入模型，结果如表 5.7 模型 2 所示。表 5.7

表 5.7　关系强度对网络资源感知先动能力与投资绩效关系的调节作用

	模型 1——IPO 退出的 Probit 模型回归				模型 2——退出速度的 Cox 模型回归			
	模型 1-1		模型 1-2		模型 2-1		模型 2-2	
	系数	标准误	系数	标准误	系数	标准误	系数	标准误
网络资源感知先动能力	0.243*	0.116	0.213*	0.109	0.266**	0.119	0.204**	0.101
关系强度	0.227**	0.109	0.198*	0.011	0.203**	0.099	0.107**	0.051
关系强度×网络资源感知先动能力			0.138*	0.070			0.113**	0.051
投资经验	−0.511**	0.242	−0.424*	0.214	0.496**	0.231	−0.394*	0.204
风投机构年龄	0.059**	0.024	0.041**	0.019	0.041**	0.019	0.020	0.033
联合投资规模	0.422***	0.068	0.329***	0.106	0.038	0.039	0.027	0.046
京津地区风投机构	−0.701	0.831	−0.523	0.442	−0.521	0.712	−0.431**	0.194
长三角地区风投机构	−1.421*	0.688	−1.156**	0.512	−2.411	2.320	−2.176	3.512
珠三角地区风投机构	0.881	0.912	0.611*	0.334	0.510	0.621	0.391	0.432
早期	−1.210***	0.332	−0.918**	0.448	−1.998***	0.411	−1.718*	0.941
发展期	−1.001**	0.487	−0.478*	0.241	−0.431***	0.125	−0.268*	0.140
扩张期	−0.241	0.420	−0.199	0.241	−0.465**	0.220	−0.309	0.340
互联网	−0.460	0.571	−0.334	0.401	−0.302	0.321	−0.231	0.271
电信及增值	−0.271**	0.122	−0.201*	0.102	−0.122	0.330	−0.111	0.201
IT	0.088	0.111	0.068	0.101	−0.191	0.221	0.161	0.211
能源及矿产	0.201	0.198	0.112	0.202	−0.521	0.610	0.402	0.512

续表

	模型 1——IPO 退出的 Probit 模型回归				模型 2——退出速度的 Cox 模型回归			
	模型 1-1		模型 1-2		模型 2-1		模型 2-2	
	系数	标准误	系数	标准误	系数	标准误	系数	标准误
医疗健康	−0.510**	0.242	−0.374*	0.189	−0.777**	0.321	−0.534*	0.281
2007 年	−0.141	0.238	−0.117	0.254	−1.130	0.922	−0.099	2.011
2008 年	−0.412	0.566	−0.355	0.401	−0.122	0.360	−0.065	0.098
京津地区风险项目	−0.601	0.711	−0.423	0.342	−0.411	0.521	−0.313	0.412
珠三角地区风险项目	−0.210	0.311	0.109	0.221	−0.122	0.233	0.099	0.181
长三角地区风险项目	−0.612	0.701	−0.512	0.610	−0.526	0.607	−0.432	0.701
常数项	−0.702*	0.373	−0.641*	0.323				
−2LL	−992.129		−975.530		7806.342		7748.444	
Chi-square	1216.211		1155.348		1499.801		1420.440	
样本量	2483		2483		2483		2483	

注："*""**""***"分别表示在 10%、5%、1%的水平上显著。

中模型 2–1 回归结果表明，网络资源感知先动能力对风投机构退出期限具有显著的正向影响（系数为 $\beta = 0.266$，$p < 0.05$），关系强度对风投机构退出期限具有显著的正向影响（系数为 $\beta = 0.203$，$p < 0.05$）。表 5.7 中模型 2–2 回归结果表明，网络资源感知先动能力对风投机构退出期限具有显著的正向影响（系数为 $\beta = 0.204$，$p < 0.05$），关系强度对风投机构退出期限具有显著的正向影响（系数为 $\beta = 0.107$，$p < 0.05$），关系强度与网络资源感知先动能力的交互作用与退出期限存在显著的正相关关系（系数为 $\beta = 0.113$，$p < 0.05$），说明关系强度正向调节着风投机构网络资源感知先动能力与退出期限之间的关系。

综合以上分析，假设 4a 得以验证。

为了更直观地揭示关系强度对风投机构网络资源感知先动能力与投资绩效之间关系的调节作用，本书给出了两个变量的交互作用图，如图 5.4 中的（a）和（b）所示。其中，图 5.4(a) 反映的是关系强度对风投机构网络资源感知先动能力与 IPO 或 M&A 退出方式之间关系的调节效应，图 5.4(b) 反映的是关系强度对风投机构网络资源感知先动能力与退出期限之间关系的调节效应。

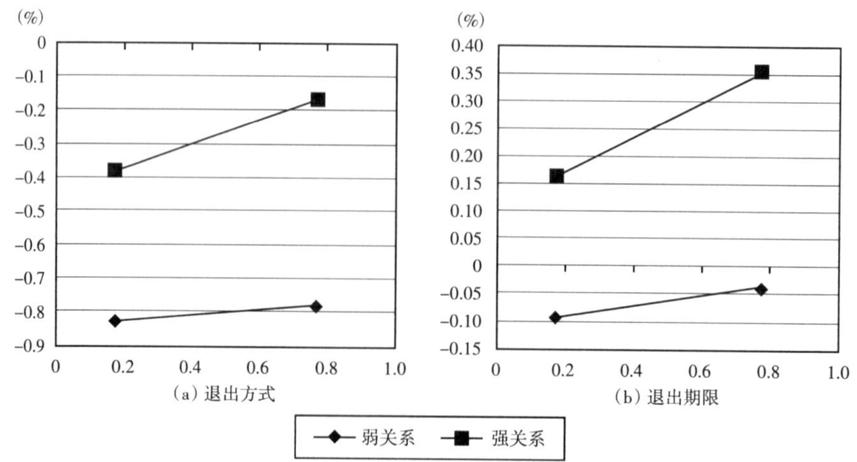

图 5.4 关系强度对网络资源感知先动能力和投资绩效之间关系的调节作用

5.2.2.2 关系强度对网络资源配置利用能力与投资绩效的调节

本部分内容检验关系强度对风投机构网络资源配置利用能力与投资绩效关系的调节效应。

首先，检验关系强度对风投机构网络资源配置利用能力与退出方式关系的调节效应。在表 5.2 模型 1–2 的基础上，依次引入关系强度、关系强度与网络资源配置利用能力的乘积项进入模型，结果如表 5.8 模型 1 所示。表 5.8 中模型 1–1 的回归结果表明，网络资源配置利用能力对风投机构 IPO 或 M&A 退出方式具有显著的正向影响（系数为 $\beta = 0.232$，$p < 0.10$），关系强度对风投机构 IPO 或 M&A 退出方式具有显著的正向影响（系数为 $\beta = 0.272$，$p < 0.05$）。表 5.8 中模型 1–2 的回归结果表明，网络资源配置利用能力对风投机构 IPO 或 M&A 退出方式具有显著的正向影响（系数为 $\beta = 0.218$，$p < 0.05$），关系强度对风投机构 IPO 或 M&A 退出方式具有显著的正向影响（系数为 $\beta = 0.241$，$p < 0.01$），关系强度与网络资源配置利用能力的乘积项与风投机构 IPO 或 M&A 退出方式间存在显著的正相关关系（系数为 $\beta = 0.142$，$p < 0.05$），说明关系强度正向调节着风投机构网络资源配置利用能力与 IPO 或 M&A 退出方式之间的关系。

其次，检验关系强度对风投机构网络资源配置利用能力与退出期限关系的调节效应。在表 5.2 模型 1–2 的基础上，依次引入关系强度、关系强度与网络资源配置利用能力的乘积项进入模型，结果如表 5.8 模型 2 所示。表 5.8 中模型 2–1 回归结果表明，网络资源配置利用能力对风投机构退出期限具有显著的正向影响（系数为 $\beta = 0.281$，$p < 0.05$），关系强度对风投机构退出期限具有显著的正向影响（系数为 $\beta = 0.262$，$p < 0.05$）。表 5.8 中模型 2–2 回归结果表明，网络资源配置利用能力对风投机构退出期限具有显著的正向影响（系数为 $\beta = 0.257$，$p < 0.05$），关系强度对风投机构退出期限具有显著的正向影响（系数为 $\beta = 0.182$，$p < 0.05$），关系强度与网络资源配置利用能力的交互作用与退出期限存在显著的正相关关系（系数为 $\beta = 0.124$，$p < 0.05$），说明关系强度正向调节着风投机构网络资源配置利用能力与退出期限

表 5.8 关系强度对网络资源配置利用能力与投资绩效关系的调节作用

	模型 1——IPO 退出的 Probit 模型回归				模型 2——退出速度的 Cox 模型回归			
	模型 1-1		模型 1-2		模型 2-1		模型 2-2	
	系数	标准误	系数	标准误	系数	标准误	系数	标准误
网络资源配置利用能力	0.232*	0.121	0.218**	0.083	0.281**	0.138	0.257**	0.124
关系强度	0.272**	0.131	0.241***	0.078	0.262**	0.124	0.182**	0.087
关系强度×网络资源配置利用能力			0.142**	0.069			0.124**	0.057
投资经验	–0.516**	0.241	–0.420	0.354	0.511	0.620	–0.388*	0.201
风投机构年龄	0.047**	0.022	0.039**	0.018	0.022**	0.009	0.018	0.038
联合投资规模	0.441***	0.121	0.307***	0.099	–0.089***	0.023	0.031	0.039
京津地区风投机构	–0.642	0.710	–0.501	0.464	–0.622	0.711	–0.472*	0.266
长三角地区风投机构	–0.101*	0.536	–0.893*	0.451	2.331	3.412	–2.193	3.451
珠三角地区风投机构	0.762	0.811	0.521*	0.289	0.404**	0.199	0.347	0.419
早期	–1.142***	0.332	–0.865**	0.427	–1.964***	0.521	–1.765*	0.927
发展期	–1.001**	0.468	–0.429*	0.216	–0.401**	0.199	–0.281**	0.126
扩张期	–0.220	0.321	–0.178	0.223	–0.408	0.521	–0.298	0.320
互联网	–0.411	0.399	–0.309	0.387	–0.321	0.432	–0.219	0.257
电信及增值	–0.232**	0.112	–0.189*	0.096	–0.166	0.244	–0.119	0.216
IT	0.076	0.111	0.054	0.099	–0.233	0.268	0.152	0.179
能源及矿产	0.162	0.211	0.104	0.168	–0.502**	0.244	0.387	0.478

续表

	模型 1——IPO 退出的 Probit 模型回归				模型 2——退出速度的 Cox 模型回归			
	模型 1-1		模型 1-2		模型 2-1		模型 2-2	
	系数	标准误	系数	标准误	系数	标准误	系数	标准误
医疗健康	-0.451**	0.217	-0.358	0.329	-0.673	0.998	-0.498**	0.222
2007 年	-0.142	1.533	-0.120	0.301	-1.202	1.336	-0.102	2.322
2008 年	-0.484	0.713	-0.360	0.441	-0.112	0.216	-0.068	0.099
京津地区风险项目	-0.539	0.611	-0.402	0.364	-0.486	0.521	-0.306	0.402
珠三角地区风险项目	-0.124	0.132	0.102	0.213	-0.111	0.210	0.091	0.115
长三角地区风险项目	-0.614	0.686	-0.503	0.599	0.511*	0.269	-0.413	0.674
常数项	-0.731*	0.410	-0.628*	0.316				
-2LL	-993.701		-991.614		7800.112		7710.125	
Chi-square	1218.550		1153.196		1501.788		1398.968	
样本量	2483		2483		2483		2483	

注："*""**""***"分别表示在 10%、5%、1%的水平上显著。

之间的关系。

综合以上分析，假设 4b 得以验证。

为了更直观地揭示关系强度对风投机构网络资源配置利用能力与投资绩效之间关系的调节作用，本书给出了两个变量的交互作用图，如图 5.5 中的（a）和（b）所示。其中，图 5.5(a）反映的是关系强度对风投机构网络资源配置利用能力与 IPO 或 M&A 退出方式之间关系的调节效应，图 5.5(b）反映的是关系强度对风投机构网络资源配置利用能力与退出期限之间关系的调节效应。

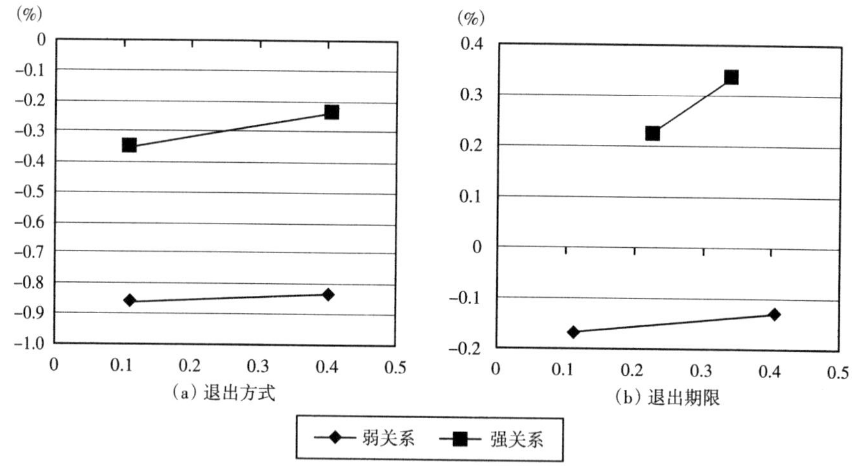

图 5.5　关系强度对网络资源配置利用能力和投资绩效之间关系的调节作用

5.2.3　结构嵌入与关系嵌入交互的二阶调节

本部分内容检验联合投资网络的关系嵌入、结构嵌入的交互对风投机构网络能力与投资绩效关系的调节效应。根据前面关系嵌入和结构嵌入的不同测度变量，以及网络能力的两个维度划分，本部分将分别从网络密度与关系强度的交互、网络位置与关系强度的交互对网络资源感知先动能力与投资绩效、网络资源配置利用能力与投资绩效之间关系的调节效应展开分析。

5.2.3.1 网络密度与关系强度的交互调节

本部分从网络密度与关系强度的交互来分析其对风投机构网络资源感知先动能力与投资绩效、风投机构网络资源配置利用能力与投资绩效之间关系的调节效应。

（1）网络密度、关系强度与网络资源感知先动能力。

本部分内容检验网络密度与关系强度的交互对风投机构网络资源感知先动能力与投资绩效关系的调节效应。

首先，检验网络密度与关系强度的交互对风投机构网络资源感知先动能力与退出方式关系的调节效应。采用逐步回归法分三步进行，结果如表 5.9 模型 1 所示（见表 5.9 模型 1–1）。第一步是仅包含网络资源感知先动能力、关系强度与网络密度的基本模型，回归结果显示网络资源感知先动能力（系数为 $\beta = 0.153$，$p < 0.10$）、关系强度（系数为 $\beta = 0.139$，$p < 0.10$）、网络密度（系数为 $\beta = 0.121$，$p < 0.10$）均对 IPO 或 M&A 退出方式具有显著正向影响。第二步引入关系强度与网络资源感知先动能力的乘积交互项，回归结果显示关系强度与网络资源感知先动能力的交互（系数为 $\beta = 0.054$，$p < 0.10$）对 IPO 或 M&A 退出方式具有显著正向影响（见表 5.9 模型 1–2）。第三步引入网络密度、关系强度与网络资源感知先动能力三者乘积项的三方交互项，回归结果表明，网络密度、关系强度与网络资源感知先动能力三者的交互（系数为 $\beta = -0.006$，$p > 0.10$）对 IPO 或 M&A 退出方式具有负向影响，但是不显著（见表 5.9 模型 1–3）。

其次，检验网络密度与关系强度的交互对风投机构网络资源感知先动能力与退出期限关系的调节效应。采用逐步回归法分三步进行，结果如表 5.9 模型 2 所示。第一步是仅包含网络资源感知先动能力、关系强度与网络密度的基本模型（见表 5.9 模型 2–1），回归结果显示网络资源感知先动能力（系数为 $\beta = 0.162$，$p < 0.05$）、关系强度（系数为 $\beta = 0.142$，$p < 0.05$）、网络密度（系数为 $\beta = 0.101$，$p < 0.05$）均对退出期限具有显著正向影响（见表 5.9 模型 2–2）。第二步引入关系强度与网络资源感知先动能力的乘积交互

表 5.9　网络密度与关系强度交互的调节作用（网络资源感知先动能力）

	模型 1——IPO 退出的 Probit 模型回归						模型 2——退出速度的 Cox 模型回归					
	模型 1-1		模型 1-2		模型 1-3		模型 2-1		模型 2-2		模型 2-3	
	系数	标准误	系数	标准误	系数	标准误	系数	标准误	系数	标准误	系数	标准误
网络资源感知先动能力	0.153*	0.089	0.121*	0.067	0.087*	0.046	0.162**	0.079	0.112**	0.051	0.066**	0.029
关系强度	0.139*	0.071	0.098*	0.051	0.053*	0.026	0.142**	0.068	0.081**	0.039	0.046**	0.021
网络密度	0.121*	0.063	0.076*	0.041	0.032*	0.017	0.101**	0.053	0.069**	0.031	0.026**	0.011
关系强度×网络资源感知先动能力			0.054*	0.028	0.017*	0.009			0.041**	0.019	0.021**	0.001
网络密度×关系强度×网络资源感知先动能力					−0.006	0.011					−0.011	0.036
投资经验	−0.341*	0.175	−0.280*	0.147	−0.198*	0.099	−0.411*	0.221	−0.364*	0.183	−0.271*	0.136
风投机构年龄	0.022**	0.009	0.017*	0.009	0.009*	0.005	0.032	0.111	0.023	0.210	0.011	0.160
联合投资规模	0.311***	0.086	0.277**	0.113	0.204**	0.103	0.356	0.889	0.302	0.687	0.243	0.443
京津地区风投机构	−0.309	0.501	−0.261	0.620	−0.198	0.476	−0.413**	0.199	−0.362*	0.187	−0.273*	0.137
长三角地区风投机构	−1.012**	0.388	−0.887*	0.449	−0.762*	0.383	−1.142	2.123	−1.111	1.322	−0.814	1.567
珠三角地区风投机构	0.562*	0.286	0.478*	0.244	0.403*	0.204	0.512	0.763	0.478	0.689	0.369	0.563
早期	−0.088**	0.041	−0.072*	0.037	−0.054*	0.028	−1.186*	0.602	−1.142*	0.573	−1.012*	0.562
发展期	−0.201*	0.111	−0.169*	0.087	−0.131*	0.068	−0.481*	0.248	−0.421*	0.212	−0.324*	0.163
扩张期	−0.181	0.241	−0.154	0.330	−0.112	0.298	−0.232	0.561	−0.202	0.487	−0.166	0.387
互联网	−0.262	0.598	−0.223	0.467	−0.186	0.332	−0.231	0.653	−0.199	0.440	−0.134	0.388
电信及增值	−0.164*	0.086	−0.133*	0.068	−0.089*	0.046	−0.181	0.432	−0.156	0.352	−0.112	0.299

续表

	模型 1——IPO 退出的 Probit 模型回归						模型 2——退出速度的 Cox 模型回归					
	模型 1-1		模型 1-2		模型 1-3		模型 2-1		模型 2-2		模型 2-3	
	系数	标准误	系数	标准误	系数	标准误	系数	标准误	系数	标准误	系数	标准误
IT	0.057	0.216	0.043	0.111	0.027	0.098	0.103	0.324	0.087	0.211	0.046	0.188
能源及矿产	0.181	0.381	0.165	0.290	0.117	0.199	0.204	0.323	0.176	0.232	0.132	0.233
医疗健康	-0.295*	0.152	-0.242*	0.122	-0.210*	0.106	-0.402*	0.211	-0.351*	0.176	-0.261*	0.132
2007 年	-0.112	0.232	-0.101	0.199	-0.078	0.202	-0.156	1.456	-0.112	0.632	-0.088	0.433
2008 年	-0.291	0.434	-0.262	0.532	-0.211	0.656	-0.211	0.544	-0.178	0.432	-0.122	0.280
京津地区风险项目	-0.392	0.423	-0.337	0.522	-0.268	0.426	-0.421	0.660	-0.366	0.542	-0.287	0.440
珠三角地区风险项目	0.121	0.323	0.103	0.299	0.074	0.222	0.172	0.334	0.135	0.244	0.102	0.221
长三角地区风险项目	-0.431	0.632	-0.378	0.761	-0.287	0.654	-0.453	0.721	-0.387	0.556	-0.288	0.432
常数项	-0.462*	0.236	-0.377*	0.189	-0.302*	0.104						
-2LL	-956.241		-914.201		-889.137		7702.320		7677.211		7623.324	
Chi-square	1121.258		1078.340		1053.241		1378.621		1345.355		1312.260	
样本量	2483		2483		2483		2483		2483		2483	

注："*""**""***"分别表示在 10%、5%、1%的水平上显著。

项，回归结果显示关系强度与网络资源感知先动能力的交互（系数为 $\beta = 0.041$，$p < 0.05$）对退出期限具有显著负向影响。第三步引入网络密度、关系强度与网络资源感知先动能力三者乘积项的三方交互项，回归结果表明，网络密度、关系强度与网络资源感知先动能力三者的交互（系数为 $\beta = -0.011$，$p > 0.10$）对退出期限具有负向影响，但不显著（见表 5.9 模型 2–3）。

综上，假设 5a 未通过检验。

（2）网络密度、关系强度与网络资源配置利用能力。

本部分内容检验网络密度与关系强度的交互对风投机构网络资源配置利用能力与投资绩效关系的调节效应。

首先，检验网络密度与关系强度的交互对风投机构网络资源配置利用能力与退出方式关系的调节效应。采用逐步回归法分三步进行，结果如表 5.10 模型 1 所示。第一步是仅包含网络资源配置利用能力、关系强度与网络密度的基本模型（见表 5.10 模型 1–1），回归结果显示网络资源配置利用能力（系数为 $\beta = 0.172$，$p < 0.05$）、关系强度（系数为 $\beta = 0.191$，$p < 0.01$）、网络密度（系数为 $\beta = 0.136$，$p < 0.01$）均对 IPO 或 M&A 退出方式具有显著正向影响。第二步引入关系强度与网络资源配置利用能力的乘积交互项，回归结果显示关系强度与网络资源配置利用能力的交互（系数为 $\beta = 0.077$，$p < 0.10$）对 IPO 或 M&A 退出方式具有显著正向影响（见表 5.10 模型 1–2）。第三步引入网络密度、关系强度与网络资源配置利用能力三者乘积项的三方交互项，回归结果表明，关系强度、网络密度与网络资源配置利用能力三者的交互（系数为 $\beta = -0.006$，$p < 0.10$）对 IPO 或 M&A 退出方式具有显著负向影响（见表 5.10 模型 1–3）。

其次，检验网络密度与关系强度的交互对风投机构网络资源配置利用能力与退出期限关系的调节效应。采用逐步回归法分三步进行，结果如表 5.10 模型 2 所示。第一步是仅包含网络资源配置利用能力、关系强度与网络密度的基本模型（见表 5.10 模型 2–1），回归结果显示网络资源配置利用能力（系数为 $\beta = 0.201$，$p < 0.05$）、关系强度（系数为 $\beta = 0.156$，$p < 0.05$）、网

表 5.10 网络密度与关系强度交互的调节作用（网络资源配置利用能力）

	模型 1——IPO 退出的 Probit 模型回归						模型 2——退出速度的 Cox 模型回归					
	模型 1–1		模型 1–2		模型 1–3		模型 2–1		模型 2–2		模型 2–3	
	系数	标准误	系数	标准误	系数	标准误	系数	标准误	系数	标准误	系数	标准误
网络资源配置利用能力	0.172**	0.078	0.129**	0.061	0.083*	0.042	0.201**	0.102	0.161*	0.106	0.098**	0.042
关系强度	0.191***	0.056	0.138***	0.033	0.092**	0.047	0.156**	0.081	0.122**	0.063	0.071*	0.038
网络密度	0.136***	0.026	0.101**	0.036	0.078**	0.040	0.152**	0.072	0.111*	0.061	0.023**	0.010
关系强度×网络资源配置利用能力			0.077*	0.041	0.021*	0.014			0.046*	0.026	0.017**	0.006
网络密度×关系强度×网络资源配置利用能力					–0.006*	0.004					–0.009*	0.005
投资经验	–0.382	0.556	–0.293	0.356	–0.258	0.299	–0.380*	0.197	–0.262*	0.133	–0.193*	0.097
风投机构年龄	0.017	0.028	0.011	0.032	0.007	0.021	0.031*	0.016	0.012*	0.006	0.007*	0.004
联合投资规模	0.292**	0.086	0.232*	0.117	0.197*	0.099	0.041	0.211	0.026	0.321	0.017	0.213
京津地区风投机构	–0.422*	0.221	–0.361*	0.182	–0.317*	0.159	–0.431	0.511	–0.310	0.413	–0.224	0.322
长三角地区风投机构	–1.882	2.451	–1.232	2.342	–1.011	1.243	–0.711*	0.362	–0.501*	0.251	–0.332*	0.167
珠三角地区风投机构	0.462*	0.242	0.372*	0.187	0.324*	0.163	0.588	0.732	0.402	0.523	0.299	0.330
早期	–0.792*	0.399	–0.534*	0.268	–0.476*	0.239	–0.910*	0.502	–0.642*	0.322	–0.421*	0.211
发展期	–0.231**	0.112	–0.163*	0.082	–0.137*	0.069	–0.382*	0.196	–0.287*	0.144	–0.211*	0.106
扩张期	–0.232	0.298	–0.157	0.267	–0.122	0.177	–0.291	0.422	–0.199	0.276	–0.121	0.167
互联网	–0.198	0.321	–0.132	0.288	–0.101	0.210	–0.297	0.467	–0.189	0.321	–0.113	0.231
电信及增值	–0.152*	0.079	–0.114*	0.058	–0.089*	0.045	–0.171	0.299	–0.126	0.220	–0.099	0.102

续表

	模型 1——IPO 退出的 Probit 模型回归						模型 2——退出速度的 Cox 模型回归					
	模型 1-1		模型 1-2		模型 1-3		模型 2-1		模型 2-2		模型 2-3	
	系数	标准误	系数	标准误	系数	标准误	系数	标准误	系数	标准误	系数	标准误
IT	0.053	0.212	0.022	0.190	0.010	0.129	0.122	0.244	0.087	0.166	0.056	0.121
能源及矿产	0.101	0.233	0.076	0.122	0.067	0.211	0.297	0.561	0.186	0.361	0.127	0.36
医疗健康	-0.282	0.543	-0.197	0.265	-0.163	0.176	-0.392*	0.201	-0.291*	0.146	-0.215*	0.108
2007 年	-0.121	0.328	-0.087	0.236	-0.062	0.321	-0.821	1.022	-0.568	0.832	-0.386	0.523
2008 年	-0.099	0.321	-0.053	0.121	-0.044	0.221	-0.136	0.223	-0.099	0.139	-0.063	0.099
京津地区风险项目	-0.296	0.524	-0.189	0.222	-0.157	0.327	-0.326	0.402	-0.232	0.366	-0.187	0.247
珠三角地区风险项目	0.077	0.214	0.032	0.115	0.021	0.126	0.087	0.177	0.042	0.199	0.021	0.088
长三角地区风险项目	-0.410	0.721	-0.321	0.543	-0.287	0.453	-0.381	0.670	-0.262	0.543	-0.203	0.435
常数项	-0.511*	0.261	-0.362*	0.183	-0.301*	0.151						
-2LL	-968.260		-927.352		-902.110		7687.420		7659.908		7631.243	
Chi-square	1135.211		1101.103		1081.214		1377.243		1346.126		1322.291	
样本量	2483		2483		2483		2483		2483		2483	

注："*""**""***"分别表示在 10%、5%、1%的水平上显著。

络密度（系数为 $\beta = 0.152$，$p < 0.05$）均对退出期限具有显著正向影响。第二步引入关系强度与网络资源配置利用能力的乘积交互项，回归结果显示关系强度与网络资源配置利用能力的交互（系数为 $\beta = 0.046$，$p < 0.10$）对退出期限具有显著正向影响（见表 5.10 模型 2-2）。第三步引入网络密度、关系强度与网络资源配置利用能力三者乘积项的三方交互项，回归结果表明，关系强度、网络密度与网络资源配置利用能力三者的交互（系数为 $\beta = -0.009$，$p < 0.10$）对退出期限具有显著负向影响（见表 5.10 模型 2-3）。

综上，假设 5b 得以检验。

为了更直观地揭示网络密度与关系强度的交互对风投机构网络资源配置利用能力与投资绩效之间关系的调节作用，本书给出了三个变量的交互作用图，如图 5.6 的（a）和（b）所示。其中，图 5.6(a) 反映的是网络密度与关系强度的交互对风投机构网络资源配置利用能力与 IPO 或 M&A 退出方式之间关系的调节效应，分别取网络密度与关系强度各自均值上下一个标准差，网络资源配置利用能力任取两个数值，得出疏松网络—弱关系（斜率为 0.056）、疏松网络—强关系（斜率为 0.110）、密集网络—弱关系（斜率为 0.068）与密集网络—强关系（斜率为 0.098）四条直线。

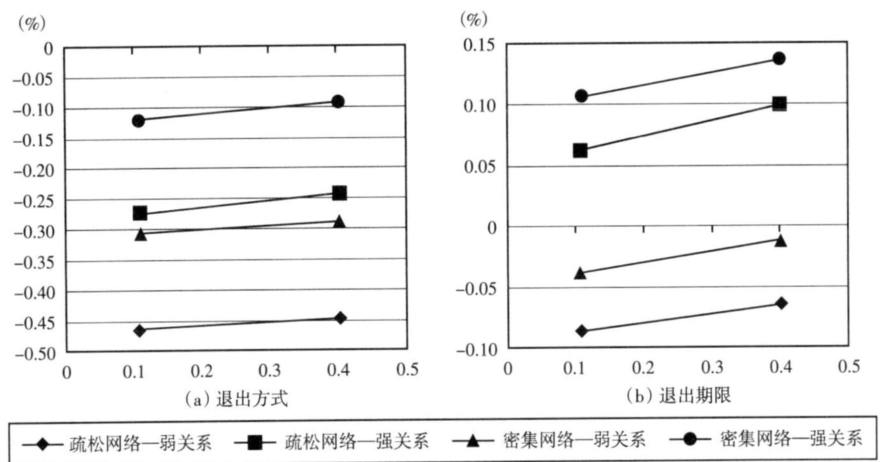

图 5.6　网络密度与关系强度的交互对网络资源配置利用能力和投资绩效之间关系的调节作用

图 5.6(b) 反映的是网络密度与关系强度的交互对风投机构网络资源配置利用能力与退出期限之间关系的调节效应，过程同上，得出疏松网络—弱关系（斜率为 0.072）、疏松网络—强关系（斜率为 0.124）、密集网络—弱关系（斜率为 0.090）与密集网络—强关系（斜率为 0.106）四条直线。

5.2.3.2 网络位置与关系强度的交互调节

本部分内容检验网络位置与关系强度的交互对风投机构网络能力与投资绩效关系的调节效应。由于网络位置对风投机构网络资源配置利用能力与投资绩效间关系的一阶调节作用不显著，所以本部分只对风投机构网络资源感知先动能力与投资绩效间的关系进行二阶调节作用进行分析。具体来说，将研究特征向量中心性检验网络位置与关系强度的交互对风投机构网络资源感知先动能力与投资绩效关系的二阶调节效应。

首先，检验特征向量中心性与关系强度的交互对风投机构网络资源感知先动能力与退出方式关系的调节效应。采用逐步回归法分三步进行，结果如表 5.11 模型 1 所示。第一步是仅包含网络资源感知先动能力、关系强度与特征向量中心性的基本模型（见表 5.11 模型 1–1），回归结果显示网络资源感知先动能力（系数为 $\beta = 0.148$，$p < 0.10$）、关系强度（系数为 $\beta = 0.131$，$p < 0.10$）、特征向量中心性（系数为 $\beta = 0.220$，$p < 0.05$）均对 IPO 或 M&A 退出方式具有显著正向影响。第二步引入关系强度与网络资源感知先动能力的乘积交互项，回归结果显示关系强度与网络资源感知先动能力的交互（系数为 $\beta = 0.102$，$p < 0.10$）对 IPO 或 M&A 退出方式具有显著正向影响（见表 5.11 模型 1–2）。第三步引入关系强度、特征向量中心性与网络资源感知先动能力三者乘积项的三方交互项，回归结果表明，关系强度、特征向量中心性与网络资源感知先动能力三者的交互（系数为 $\beta = -0.011$，$p < 0.10$）对 IPO 或 M&A 退出方式具有显著负向影响（见表 5.11 模型 1–3）。

其次，检验特征向量中心性与关系强度的交互对风投机构网络资源感知先动能力与退出期限关系的调节效应。采用逐步回归法分三步进行，结果如表 5.11 模型 2 所示。第一步是仅包含网络资源感知先动能力、关系强度与特

表 5.11　网络位置与关系强度交互的调节作用

	模型 1——IPO 退出的 Probit 模型回归						模型 2——退出速度的 Cox 模型回归					
	模型 1-1		模型 1-2		模型 1-3		模型 2-1		模型 2-2		模型 2-3	
	系数	标准误	系数	标准误	系数	标准误	系数	标准误	系数	标准误	系数	标准误
网络资源感知先动能力	0.148*	0.081	0.111*	0.056	0.078*	0.040	0.162*	0.083	0.117*	0.061	0.721*	0.301
关系强度	0.131*	0.069	0.107*	0.062	0.054*	0.028	0.166**	0.041	0.566**	0.261	0.213**	0.111
特征向量中心性	0.220**	0.091	0.172*	0.097	0.103*	0.053	0.211***	0.043	0.141**	0.066	0.102**	0.048
关系强度×网络资源感知先动能力			0.102*	0.054	0.043*	0.022			0.111**	0.047	0.074**	0.032
特征向量中心性×关系强度×网络资源感知先动能力					-0.011*	0.057					-0.008*	0.005
投资经验	-0.362*	0.171	-0.271*	0.136	-0.201*	0.101	-0.424*	0.221	-0.383*	0.192	-0.271*	0.136
风投机构年龄	0.024*	0.013	0.017*	0.009	0.011*	0.006	0.078**	0.033	0.063**	0.028	0.037**	0.015
联合投资规模	0.130**	0.041	0.089**	0.039	0.062**	0.027	0.028	0.054	0.019	0.035	0.008	0.0421
京津地区风投机构	-0.165	0.240	-0.123	0.225	-0.103	0.212	-0.221	0.288	-0.202	0.236	-0.167	0.320
长三角地区风投机构	-0.426*	0.213	-0.323*	0.162	-0.273*	0.137	-0.033	0.178	-0.021	0.164	-0.009	0.112
珠三角地区风投机构	0.152	0.305	0.113	0.251	0.092	0.125	0.223	0.398	0.189	0.246	0.102	0.142
早期	-1.687**	0.481	-1.223**	0.522	-1.003**	0.478	-0.911**	0.422	-0.621**	0.232	-0.441**	0.211
发展期	-0.872*	0.440	-0.633*	0.317	-0.473*	0.237	-0.416*	0.210	-0.361*	0.181	-0.275*	0.138
扩张期	-0.181*	0.091	-0.123*	0.062	-0.101*	0.051	-0.396*	0.201	-0.303*	0.152	-0.221*	0.111
互联网	-0.162	0.211	-0.121	0.142	-0.099	0.121	-0.126	0.298	-0.103	0.166	-0.071	0.122

续表

	模型 1——IPO 退出的 Probit 模型回归						模型 2——退出速度的 Cox 模型回归					
	模型 1–1		模型 1–2		模型 1–3		模型 2–1		模型 2–2		模型 2–3	
	系数	标准误	系数	标准误	系数	标准误	系数	标准误	系数	标准误	系数	标准误
电信及增值	−0.202	0.322	−0.163	0.237	−0.122	0.168	−0.021	0.188	−0.016	0.199	−0.011	0.204
IT	0.091	0.198	0.062	0.122	0.035	0.111	0.148	0.214	0.112	0.124	0.077	0.130
能源及矿产	−0.013	0.035	−0.009	0.071	−0.008	0.063	−0.298	0.321	−0.221	0.232	−0.183	0.219
医疗健康	−0.383*	0.195	−0.311*	0.156	−0.231*	0.116	−0.631*	0.319	−0.421*	0.211	−0.291*	0.146
2007 年	−0.103	1.464	−0.088	1.221	−0.057	1.133	−0.904	1.433	−0.717	1.039	−0.424	1.210
2008 年	−0.279	0.543	−0.212	0.325	−0.187	0.234	−0.722	1.110	−0.531	1.044	−0.342	0.921
京津地区风险项目	0.252	0.322	0.203	0.224	0.174	0.236	0.241	0.302	0.202	0.288	0.154	0.189
珠三角地区风险项目	−0.012	0.032	−0.011	0.021	−0.008	0.032	−0.122	0.265	−0.101	0.224	−0.078	0.142
长三角地区风险项目	−0.302	0.511	−0.241	0.422	−0.202	0.341	−0.321	0.390	−0.242	0.362	−0.188	0.231
常数项	−0.501*	0.256	−0.373*	0.187	−0.281*	0.141						
−2LL	−963.233		−935.115		−909.204		7711.344		7687.211		7662.370	
Chi–square	1178.870		1149.204		1120.321		1423.563		1394.478		1371.521	
样本量	2483		2483		2483		2483		2483		2483	

注："*""**""***"分别表示在 10%、5%、1%的水平上显著。

征向量中心性的基本模型（见表 5.11 模型 2–1），回归结果显示网络资源感知先动能力（系数为 $\beta = 0.162$，$p < 0.10$）、关系强度（系数为 $\beta = 0.166$，$p < 0.05$）、特征向量中心性（系数为 $\beta = 0.211$，$p < 0.01$）均对退出期限具有显著正向影响。第二步引入关系强度与网络资源感知先动能力的乘积交互项，回归结果显示关系强度与网络资源感知先动能力的交互（系数为 $\beta = 0.111$，$p < 0.05$）对退出期限具有显著正向影响（见表 5.11 模型 2–2）。第三步引入特征向量中心性、关系强度与网络资源感知先动能力三者乘积项的三方交互项，回归结果表明，特征向量中心性、关系强度与网络资源感知先动能力三者的交互（系数为 $\beta = -0.008$，$p < 0.10$）对退出期限具有显著负向影响（见表 5.11 模型 2–3）。

综上，假设 6a 得以检验。

为了更直观地揭示网络位置与关系强度的交互对风投机构网络资源感知先动能力与投资绩效之间关系的调节作用，本书给出了三个变量的交互作用图，如图 5.7 中的（a）和（b）所示。其中，图 5.7(a) 反映的是网络位置与关系强度的交互对风投机构网络资源感知先动能力与 IPO 或 M&A 退出方式之间关系的调节效应，分别取网络位置与关系强度各自均值上下一个标准

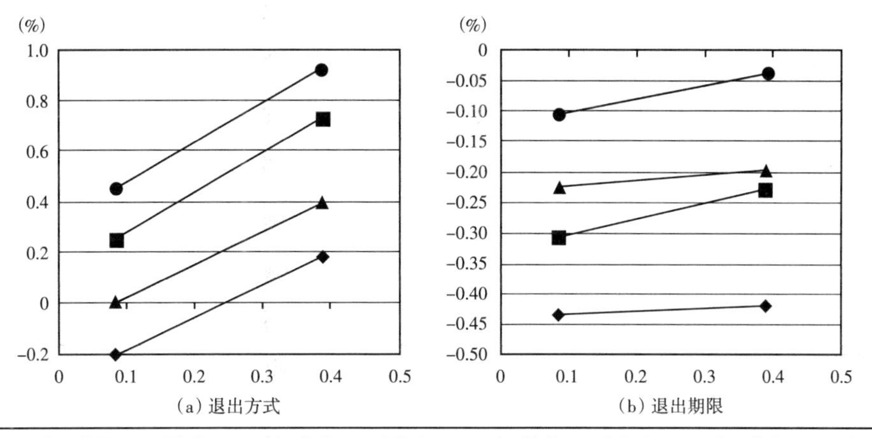

图 5.7 网络位置与关系强度的交互对网络资源感知先动能力和投资绩效之间关系的调节作用

差，网络资源感知先动能力任取两个数值，得出低网络位置—弱关系（斜率为 0.024）、低网络位置—强关系（斜率为 0.132）、高网络位置—弱关系（斜率为 0.046）与高网络位置—强关系（斜率为 0.110）四条直线。

图 5.7(b) 反映的是网络位置与关系强度的交互对风投机构网络资源感知先动能力与退出期限之间关系的调节效应。过程同上，得出低网络位置—弱关系（斜率为 0.639）、低网络位置—强关系（斜率为 0.803）、高网络位置—弱关系（斜率为 0.655）与高网络位置—强关系（斜率为 0.787）四条直线。

5.3 结果讨论

5.3.1 网络能力与投资绩效

本书的经验检验结果表明，风投机构的网络能力对投资绩效具有显著的正向影响。具体而言，风投机构的网络资源感知先动能力与网络资源配置利用能力越高，IPO 或 M&A 退出的可能性越大，成功退出的期限越短。下面本书将对上述经验检验结果进行讨论。

5. 3.1.1 网络资源感知先动能力与投资绩效关系的讨论

本书提出的假设 1a 分析了风投机构网络资源感知先动能力与投资绩效的关系。假设指出风投机构网络资源感知先动能力对投资绩效具有正向影响，本书检验结果表明风投机构网络资源感知先动能力越大，投资绩效越好，即 IPO 或 M&A 退出的可能性越大，成功退出的期限越短，假设 1a 检验通过。

检验结果表明，第一，网络资源感知先动能力强的风投机构可以凭借自身强大的市场信息感知能力寻找来自不同行业或地域的潜在合作伙伴并与之建立联结，发挥“先行者”优势，能够先于竞争者获得有效的有关投资

机会的信息。另外，网络资源感知先动能力强的风投机构在搜寻网络资源时由于勤奋而产生的先动也可能导致与来自不同行业或地域的其他风投机构搭建更好的关系，由于相互性机制的存在，更容易获得这些机构的“回报”，获得更多的投资机会，从而扩大项目选择集合，为提高投资绩效提供保障。

第二，网络资源感知先动能力强的风投机构可以借助来自不同行业或地域的风投机构的更多的“第二者意见”，降低风险项目的不确定性，缓解因信息不对称所造成的逆向选择问题，提高项目评估决策效率；还可以利用这些来自不同行业或地域的风投机构的更多的信息优势，获得非冗余信息，解决信息不对称问题，缓解道德风险，提升项目监督质量。

第三，网络资源感知先动能力强的风投机构不仅可以借助来自不同行业或地域的风投机构的更多异质性资源为风险项目提供增值服务，而且更有可能吸引到其他市场主体为风险项目提供高质量的增值服务。

风投机构网络资源感知先动能力与投资绩效的正向显著相关关系与Ritter（2003）、Grant（1996）、Moller和Halinen（1999）、Hagedoom等（2006）等学者的研究结论类似。比如，Ritter（2003）等认为网络能力有助于企业识别与捕捉外部商业机会，有助于企业提升识别机会的能力。而Grant（1996）认为，市场中存在着许多信息不对称，为获取大量的信息来缓解这些信息不对称，要求企业必须具备强大的网络能力来整合这类相关信息，要求企业更加的专业化，在协调市场关系时，必须做到挖掘内隐机会与获取外显信息并重。Moller和Halinen（1999）也强调企业要注意处理好与合作者之间的交易或其他关系的能力，以获取合作伙伴的资源，提升竞争优势。Hagedoorn等（2006）则认为，网络能力在于企业如何从网络中筛选出符合自身发展的网络伙伴并与之建立关系和如何进行创新设置的能力，并指出在维持与伙伴的关系过程中，企业必须着眼于提高效率，去除冗余联结，保证每个合作伙伴都能提供有价值的信息。任胜钢、舒睿（2014）研究发现，创业者运用关系网络能力对于创业初期活动的发起和执行至关重要，具备较强的网络能力可以帮助创业者有效地识别创业机会，并利用资源对其进行开发，进而促进创业的成功。

5.3.1.2 网络资源配置利用能力与投资绩效关系的讨论

本书提出的假设 1b 分析了风投机构网络资源配置利用能力与投资绩效的关系。假设指出风投机构网络资源配置利用能力对投资绩效具有正向影响，本书检验结果表明风投机构网络资源配置利用能力越大，投资绩效越好，即 IPO 或 M&A 退出的可能性越大，成功退出的期限越短，假设 1b 检验通过。

检验结果表明，第一，网络资源配置利用能力强的风投机构，可以借助网络资源，提升自身在某一行业或某一区域的知识专业化深度，进而提升自身对来自该行业或区域风险项目的学习与知识应用效率。自身知识专业化的提高，一方面，可以提升风投机构对新获取的风险项目信息的综合理解（Cohen，1990），提升其消化新获取的风险项目信息的能力，扩大知识库（Zollo & Winter，2002），提升其新、旧知识之间的耦合水平和知识基的编码水平，进而增强风投机构整合新知识的能力（Van et al.，1999），使风投机构更有能力判断风险项目所在行业或地域的机会，更有效地评估风险项目的创新能力、发展前景等，更好地监督风险企业的经营行为，更加有针对性地为投资对象提供增值服务，从而更有利于风险企业的成功退出；另一方面，还可以利用知识专业化优势，降低知识转移与整合成本（Grant & Baden-Fuller，2004；Simon，1991），提升知识利用效率，因为相比不同领域之间的知识转移，某一具体领域的专业化知识更容易共享。与具有相同行业或地域投资经历的风投机构合作进行联合投资，由于经验相似，风投机构间沟通协调更为容易，更容易共享与消化吸收在相同行业或地区投资所积累的知识，提升学习与知识应用效率，进而提升对风险项目的评估决策效率。这个结果表明了专业技能与学习、吸收能力等深度专业知识对组织绩效的重要作用，与知识观和组织学习的文献的研究是一致的。

第二，网络资源配置利用能力强的风投机构，可以借助网络资源，拓展

自身在多个行业或地域的知识来源，提升自身应对来自不同行业或地域风险项目的适应性和灵活性。知识的多样化，有助于扩大风投机构解决复杂问题方法的选择集合（Ahuja & Katila，2001；March，1991），提升解决复杂问题的能力，更好地解决风险企业发展过程中不断出现的问题（Gavetti et al.，2005）。在新问题或新挑战不断涌现的创业环境中，来自不同行业或地域的多样化知识存量为风投机构提供了更多的知识来源，知识潜在的新组合数量也随之增加（Fleming，2001），这些为风投机构对风险项目的筛选、评估、监督及提供增值服务奠定了肥沃的基础，并最终产生积极的绩效效应（Gavetti et al.，2005）。同时，多样化的知识有助于提升风投机构引导风险企业向多种轨道发展的能力，增加风险企业成功的可能性。风投机构拥有的知识越多，知识的异质性就越强，这些异质性知识对于风投机构解决非常规问题十分必要。更多的知识来源，意味着风投机构拥有拓宽多个行业或地域的知识存量，能够使风投机构产生更多的新想法和刺激新思维，使得风投机构引导风险企业向多样化轨道发展的能力更强，进而更适合指导风险企业向着更适应其能力的市场发展，而不是试图指导该企业朝着其专长的领域发展。这样，随着风投机构知识存量多样化程度的增加，风投机构的适应性和灵活性增强，其指导风险企业到多样化轨道的能力也就相应增加，风险企业成功的可能性也就相应增加，风投机构成功退出的可能性也就增大。这个结果符合组织的适应性与灵活性的相关研究结论。

网络资源配置利用能力与 Ritter（1999）的特定关系任务执行的相关能力有类同之处，Ritter 将这种“特定关系任务执行”定义为企业管理交换活动、协调活动和伙伴间相互适应的能力，这也是配置利用网络资源的优化过程。通过合理地配置利用合作伙伴的资源，尤其是知识资源，并保持稳定的互惠关系，以及在自身与合作伙伴的文化背景存在较大差异的情况下，通过建立与合作伙伴共享的价值系统与工作规范，企业将大大地提升本身运用网络资源能力的价值，为其获取较高的企业绩效打下基础（Ritter，2003）。这些是提高风投机构配置利用网络资源能力的关键步骤（马鸿佳等，2010）。

而有着良好知识应用能力的企业可以通过应用组织内外部知识与信息，更加灵活熟练地配置其资源与信息，从而显著地提高组织的创新实现率与收益率（范志刚等，2014）。

风投机构运用网络能力，通过建立广泛而多样的合作关系、构建与合作伙伴的深入交流和互惠互利的关系模式，有助于提升竞争优势（扩大了项目选择集合、提高了项目评估与监督质量、提升了增值服务水平；提高了自身学习能力、适应性与灵活性），进而提高风投机构的投资绩效水平。这个结论与现有研究的分析逻辑是相同的，例如，Powell 等（1996）、Cummings（2004）与 Collins 和 Hitt（2006）研究认为，企业通过改善自身所处网络的网络范围、网络地位、自身与合作伙伴的联结强度、联结密度与联结久度，可以从企业网络中获取网络资源进而提升竞争优势，并最终显著提高自身的创新绩效。

总之，联合投资网络作为风投机构最重要的外部环境之一（Zaheer et al., 2000），不仅对风险项目信息获取，投资机会识别、投资项目的评估及增值提供服务，还对风投机构与其他风投机构间的知识转移、知识共享与知识吸收转化等产生影响。风投机构在有效利用这个环境以提高自身投资绩效的过程中，网络能力发挥了重要的作用。

5.3.2 网络嵌入的调节效应

5.3.2.1 结构嵌入的调节效应

本书的经验检验结果表明，网络密度一方面负向调节了风投机构网络资源感知先动能力和投资绩效的关系，另一方面也负向调节了风投机构网络资源配置利用能力和投资绩效的关系；网络位置负向调节了风投机构网络资源感知先动能力对其投资绩效的作用，而对风投机构网络资源配置利用能力对其投资绩效的调节作用不显著。下面本书将对上述经验检验结果进行讨论。

(1) 网络密度调节效应讨论。

本书提出的假设 2a 与假设 2b 分析了网络密度对风投机构网络能力与投资绩效关系的调节作用。假设指出网络密度对风投机构网络能力与投资绩效关系具有负向调节效应。本书经验检验结果表明，网络密度不仅显著负向调节着网络资源感知先动能力与投资绩效之间的关系，而且也显著负向调节着网络资源配置利用能力与投资绩效之间的关系，假设 2a 与假设 2b 检验通过。

检验结果说明，疏松的联合投资网络中风投机构更容易获得多样化的异质性信息与资源。而多样化的异质性信息与资源是风投机构提高识别投资项目、识别适合风险企业发展机会能力的重要来源，信息与资源范围在很大程度上决定了组织外部资源搜索的空间（Manigart et al.，2006）。相比在较窄行业或地域的投资，跨行业或地域的投资使得风投机构在风险项目投资上具有更大、更广的影响（Coleman，1994），可以跨越不同行业或地域，增加灵活性，提升适应能力。多样化的异质性信息与资源，一方面，有利于风投机构网络资源感知先动能力的发挥，扩大项目选择集合，提升项目评估与监督水平、增值服务水平；另一方面，有利于风投机构网络资源配置利用能力的发挥，提高自身的学习能力与知识应用效率，增强灵活性与适应性，有助于扩大风投机构解决复杂问题方法的选择集合（Nahata，2008；姜翰、金占明，2008），更好地解决风险企业发展过程中不断出现的问题（Hochberg，et al.，2010），提升风投机构解决复杂问题的能力与提升其引导风险企业向多种轨道发展的能力，增加风险企业成功的可能性。而密集的网络可能会导致网络的封闭和僵化，网络内充斥着大量的冗余信息，使得风投机构难以获取多样化信息与资源，不利于风投机构网络能力的发挥。因此，与处于密集网络的风投机构相比，处于疏松网络的风投机构网络能力越强，投资绩效越好。

(2) 网络位置调节效应讨论。

本书提出的假设 3a 与假设 3b 分析了网络位置对风投机构网络能力与投资绩效关系的调节作用。假设指出网络位置对风投机构网络能力与投资绩效关系具有负向调节效应。本书的经验检验结果表明，网络位置负向调节了风投机构网络资源感知先动能力对其投资绩效的作用，而对风投机构网络资源配置利用能力对其投资绩效的调节作用不显著，假设 3a 通过，假设 3b 未通过检验。

对这一结果，本书认为可能的原因主要有两个：第一，高的投资绩效需要优质的风险项目来源，优质风险项目集合扩大的关键是对信息和资源的识别和获取，这个过程主要依赖于风投机构网络资源感知先动能力的发挥。网络位置对风投机构网络资源感知先动的能力，对其投资绩效的显著负向调节作用，表明风投机构所处的网络位置越高，网络资源感知先动能力所发挥的作用就越小，这说明网络资源感知先动能力与网络位置在扩大风险项目集合与筛选风险项目等过程中是相互替代的。在这个过程中，风投机构的网络位置由于与其以往的投资经历、社会地位甚至政府背景等密切相关，而这些又对风险项目的筛选至关重要，能够为风投机构提供渠道优势，因此即使自身网络资源感知先动能力不足，网络中处于高位置的风投机构也能凭借先天优势，更容易获取重要信息与资源，进而识别和获取大量的投资机会，替代了网络资源感知先动能力的作用。

第二，投资绩效的提高还需要风投机构借助网络资源，提高自身的学习能力与知识应用效率，提升自身的灵活性与适应性，这主要依赖于风投机构网络资源配置利用能力的发挥。这个过程中，风投机构高网络位置所赋予的优越性条件难以继续发挥作用，而风投机构对网络资源的配置利用水平则决定着为风险项目所提供的专业化及多样化技能服务，决定着风险项目能否成功，影响着风险项目能否顺利并快速退出。但这种情况下，网络中高网络位置所赋予的对资源和信息的控制优势，很可能使得网络中高网络位置的风投机构过于自信，认为自己拥有解决复杂问题方法的选择集合、解决风险企业发展过程中不断出现的问题、解决复杂问题的能力与引导风险企业向多种轨道发展的能力，而不重视网络资源的整合利用，即产生盲目自信和控制错觉。然而，已有研究发现，这种盲目自信和控制错觉对知识应用效率、组织灵活性与适应能力的提升是非常不利的（De Carolis D. M. & Saparito P.，2006），

网络位置可能造成的这类负面效应成为阻碍它替代风投机构网络资源配置利用能力对投资绩效作用的重要原因。

5.3.2.2 关系嵌入的调节效应

本书提出的假设 4a 与假设 4b 分析了关系嵌入对风投机构网络能力与投资绩效关系的调节作用。假设指出关系强度对风投机构网络能力与投资绩效关系具有正向调节效应。本书经验检验结果表明，关系强度不仅显著正向调节着网络资源感知先动能力与投资绩效之间的关系，而且也显著正向调节着网络资源配置利用能力与投资绩效之间的关系，假设 4a 与假设 4b 检验通过。

检验结果表明，处于强关系网络的风投机构，依赖于与来自不同行业或地域的联合投资伙伴间的信任机制，可以避免竞争和摩擦，促进组织成员合作效率的提升（Lavy et al., 2014），有利于网络资源感知先动能力的发挥，扩大项目集合、提升项目评估与监督质量、提高增值服务水平；依赖于与来自不同行业或地域的联合投资伙伴间的学习机制（知识共享与传递机制），有利于网络资源配置利用能力的发挥，提升资源的配置利用效率，增强自身的灵活性与适应性，扩大解决复杂问题方法的选择集合，更好地解决风险企业发展过程中不断出现的问题，更好地引导风险企业向多种轨道发展。即和处于由弱关系组成的联合投资网络的风投机构相比，处于由强关系组成的联合投资网络的风投机构网络能力越强，投资绩效越好。

5.3.2.3 关系嵌入与结构嵌入的交互调节效应

本书的经验检验结果表明，网络密度负向调节着关系强度对风投机构网络资源配置利用能力与投资绩效关系的正向调节效应，即关系强度对风投机构网络能力与投资绩效关系的正向调节作用取决于网络密度的大小。相比于密集的网络，疏松的网络结构中，这种正向调节作用更强。

网络位置负向调节着关系强度对网络资源感知先动能力与投资绩效关系的正向调节作用，即关系强度对网络资源感知先动能力与投资绩效关系的影响取决于网络位置的高低。相比于处于网络中高位置的风投机构，处于网络中低位置的风投机构，这种正向调节作用将变强。下面本书将对上述经验检验结果进行讨论。

（1）网络密度与关系强度的交互调节效应的讨论。

本书提出的假设5a与假设5b分析了网络密度与关系嵌入的交互对风投机构网络能力与投资绩效关系的调节作用。假设指出关系强度对风投机构网络能力与投资绩效的正向调节效应受网络密度的影响。本书经验检验结果表明，关系强度对网络资源感知先动能力与投资绩效关系的影响取决于网络密度的大小，相比于密集的网络，疏松的网络结构中，这种正向调节作用更强，但是不显著，假设5a未通过检验。另外，关系强度对网络资源配置利用能力与投资绩效关系的影响取决于网络密度的大小，相比于密集的网络，疏松的网络结构中，这种正向调节作用更强，假设5b得以验证。

网络密度与关系强度的交互对风投机构网络资源感知先动能力对其投资绩效的调节作用不显著，而对风投机构网络资源配置利用能力对其投资绩效的作用具有显著负向调节效应。对这一结果本书认为可能的原因如下：

第一，风投机构对风险项目进行投资之前，首先需要评估风险项目，这时联合投资网络的关系嵌入利用其信息甄别和筛选机制，不仅能够为风投机构节省搜寻成本与费用，而且还可以在双方频繁的交往中，建立起一定的信任关系。但是，过度信任对方却可能让风投机构夸大合约的规范性，产生行为与认知偏差，将成员的言行放到一个过度相互信赖的体系中，不利于各个成员辨识良好的交易秩序背后隐藏的实质，从而降低了对信息的筛选与甄别能力，难以通过多元的信息共享关系对项目进行高效评估。而风投机构网络资源感知先动能力的目的在于洞察风险投资市场环境变化，先于竞争对手识别投资机会，并尝试与潜在的联合投资伙伴建立联结关系，在这个过程中，风投机构与潜在投资伙伴尚未或者刚刚建立关系，各自对对方所提供的关于风险项目的信息资源还能保持理性的筛选与甄别，但由于双方还未形成有效的信任、承诺和优质信息共享机制，更不存在关系嵌入过度问题，因此关系嵌入还不能发挥作用，也就无法对网络资源感知先动能力与投资绩效的关系施加影响。

第二，投资于风险项目后，伴随着网络密度的增大，联合投资网络中风

投机构之间的强关系则可能存在一个“过度嵌入”的问题（Uzzi，1973）。关系过度嵌入是指网络中的成员个体过度地依赖网络资源而夸大在网络利用中的信任、承诺和信息共享关系，进而影响成员个体的认知和资源获取质量。联合投资网络中，当关系嵌入过度时，过度信任、非理性承诺、关系过度紧密使得风投机构可能过度地依赖特定的信息共享关系，过度相信联合伙伴将执行对其带来正面结果的行动倾向，难以看到良好的交易秩序背后隐藏的实质（Fitza et al.，2009）。因而在解决非预期性问题时，风投机构不仅容易产生投机性行动的行为倾向，而且也会与其他风投机构保持过于频繁的交往，以求维持良好的长久的社会关系，这种情况下，很容易导致风投机构间高阶纽带和过度紧密的关系的形成，使得风投机构的时间和精力投入成本大大增加（Ahlstrom & Bruton，2010），从而妨碍关系网络的扩张，难以获取更多元的信息共享关系，降低了风投机构借助网络资源，提升自身知识资源的深度与宽度的效果，不利于风投机构自身知识利用效率的提升，也不利于其灵活性与适应性的提升，削弱了网络资源配置利用能力的效用，说明网络密度与关系强度的交互具有抑制作用。

（2）关系强度与网络位置的交互调节效应的讨论。

本书提出的假设 6a 与假设 6b 分析了网络位置与关系嵌入的交互对风投机构网络能力与投资绩效关系的调节作用。假设指出关系强度对风投机构网络能力与投资绩效的正向调节效应受网络位置的影响。本书经验检验结果表明，关系强度对网络资源感知先动能力与投资绩效关系的影响取决于网络位置的大小，相比于密集的网络，疏松的网络结构中，这种正向调节作用更强，假设 6a 通过检验。

检验结果表明，网络位置与关系强度的交互对网络资源感知先动能力与投资绩效关系具有显著的负向影响。这说明，一方面，当处于较低的网络位置时，即联合投资网络中缺乏有影响力的“权威”机构，随着关系强度的增大，联合投资网络中各风投机构之间的联系日益紧密，交流也更加频繁，合作频率更高，而且单次合作的持续时间变得更长，有效的信任度得以提高，这使得联合投资伙伴之间更容易采取积极的合作态度，进而促进了风险项目信息的感知与获取；另一方面，当处于较高的网络位置时，即联合投资网络中存在有影响力的“权威”机构，随着关系强度的增大，联合投资网络中各风投机构之间的联系日益紧密，交流也更加频繁，合作频率更高，而且单次合作的持续时间变得更长，有效的信任度得以提高，但这种信任却在这种“权威”的影响下，出现了因过度信任“权威”而产生的非理性承诺，形成了机构间的高阶纽带和过于紧密的关系，妨碍了关系网络的扩张，难以获取更多元的信息共享关系，从而降低了风投机构对信息的筛选与甄别能力，削弱了网络能力的效用，不利于其成功地退出。

5.4 小 结

本章使用第 4 章给出的数据、变量和模型检验了第 3 章提出的研究假设。表 5.12 给出了经验检验的主要结果。从总体上看，本书建立的风投机构网络能力、网络嵌入与投资绩效的概念模型是基本成立的，假设验证结果表明：

（1）联合投资网络中，风投机构的网络资源感知先动能力对其投资绩效具有正向显著影响。

（2）联合投资网络中，风投机构的网络资源配置利用能力对其投资绩效具有正向显著影响。

（3）联合投资网络的结构嵌入特征中，网络密度在风投机构网络能力与投资绩效的关系中具有显著负向调节作用；风投机构的网络位置在风投机构网络资源感知先动能力与投资绩效的关系中具有显著负向调节作用。

（4）联合投资网络的关系嵌入特征中，关系强度在风投机构网络能力与投资绩效的关系中具有显著正向调节作用。

（5）联合投资网络的结构嵌入与关系嵌入的交互特征中，网络密度负向调节着关系强度对风投机构网络资源配置利用能力与投资绩效关系的正向调节作用。网络位置负向调节着关系强度对网络资源感知先动能力与投资绩效关系的正向调节作用。

表 5.12　经验检验结果汇总

假设	假设内容	检验结果
假设 1a	风投机构网络资源感知先动能力越强，投资绩效越好	通过
假设 1b	风投机构网络资源配置利用能力越强，因深度的知识专业化而提升的学习和知识应用效率越高，因宽度的知识多样化而提升的适应性和灵活性越好，投资绩效越好	通过
假设 2a	网络密度负向调节风投机构网络资源感知先动能力和投资绩效的关系，即和密集的联合投资网络相比，疏松的联合投资网络有利于风投机构网络资源感知先动能力的发挥，投资绩效会更好	通过
假设 2b	网络密度负向调节风投机构网络资源配置利用能力和投资绩效的关系，即和密集的联合投资网络相比，疏松的联合投资网络有利于风投机构网络资源配置利用能力的发挥，投资绩效更好	通过
假设 3a	网络位置负向调节风投机构网络资源感知先动能力和投资绩效的关系，即和处于高网络位置的风投机构相比，处于低网络位置的风投机构更能发挥网络资源感知先动能力的作用，投资绩效更好	通过
假设 3b	网络位置负向调节风投机构网络资源配置利用能力和投资绩效的关系，即和处于高网络位置的风投机构相比，处于低网络位置的风投机构更能发挥网络资源配置利用能力的作用，投资绩效更好	未通过
假设 4a	关系强度正向调节风投机构网络资源感知先动能力和投资绩效的关系，即和由弱关系组成的联合投资网络相比，由强关系组成的联合投资网络更有利于风投机构网络资源感知先动能力的发挥，投资绩效更好	通过
假设 4b	关系强度正向调节风投机构网络资源配置利用能力和投资绩效的关系，即和由弱关系组成的联合投资网络相比，由强关系组成的联合投资网络更有利于风投机构网络资源配置利用能力的发挥，投资绩效更好	通过
假设 5a	关系强度对网络资源感知先动能力与投资绩效关系的影响取决于网络密度的大小，即网络密度负向调节着关系强度对风投机构网络资源感知先动能力与投资绩效关系的正向调节效应。相比于密集的网络，疏松的网络结构中，这种正向调节作用更强	未通过
假设 5b	关系强度对网络资源配置利用能力与投资绩效关系的影响取决于网络密度的大小，即网络密度负向调节着关系强度对风投机构网络资源配置利用能力与投资绩效关系的正向调节效应。相比于密集的网络，疏松的网络结构中，这种正向调节作用更强	通过

续表

假设	假设内容	检验结果
假设 6a	关系强度对网络资源感知先动能力与投资绩效关系的影响取决于网络位置的高低，即网络位置负向调节着关系强度对网络资源感知先动能力与投资绩效关系的正向调节作用。相比于处于网络中高位置的风投机构，处于网络中低位置的风投机构，这种正向调节作用将变强	通过
假设 6b	关系强度对网络资源配置利用能力与投资绩效关系的影响取决于网络位置的大小，即网络位置负向调节着关系强度对网络资源配置利用能力与投资绩效关系的正向调节作用。相比于处于网络中高位置的风投机构，处于网络中低位置的风投机构，这种正向调节作用将变强	

6 研究结论与创新点

本章是全书的总结性部分，主要包括如下内容：首先对本书的主要研究结论进行总结，并从理论和实践两方面探讨了本书的意义，其后概述本书研究的主要创新点。

6.1 研究结论及意义

6.1.1 研究结论

联合投资网络的结构嵌入与关系嵌入特征对风投机构投资绩效的影响已得到学者们的普遍认可，但关于诸如网络能力等风投机构个体属性特征对其投资绩效的作用机理，以及网络外部嵌入特征对风投机构网络能力与投资绩效关系的调节作用并未得到很好的解释。本书以中国风险资本市场为研究对象，使用 CVSource 数据库 2007 年 1 月 1 日至 2015 年 12 月 31 日的 191 家风投机构的 2483 轮投资数据，运用 Probit 模型和 Cox 比例风险模型，研究并检验了中国本土风投机构网络能力对投资绩效的影响，并揭示了在网络结构（主要用网络密度和网络位置来刻画）嵌入和网络关系（主要用关系强度来刻画）嵌入及其交互的不同特征下，风投机构网络能力对于投资绩效的不同影响机理。研究结论主要包括以下几点：

第一，风投机构网络资源感知先动能力对投资绩效具有显著的正向影响。网络资源感知先动能力强的风投机构可利用丰富的、多样性的异质性网络资源，通过扩大项目选择集合、提高项目评估效率、加强对项目的监督以及增强对项目的增值服务，从而产生差异化的投资绩效差异。

第二，风投机构网络资源配置利用能力对投资绩效具有显著的正向影响。网络资源配置利用能力强的风投机构，借助伙伴的网络资源尤其是知识资源的组合效果，利用知识专业化提高学习和知识应用效率，利用知识多样化提升适应性和灵活性，从而提高其投资绩效。

第三，联合投资网络结构嵌入对风投机构网络能力与投资绩效的关系具有调节作用。具体来说，首先，网络密度负向调节风投机构网络资源感知先动能力和投资绩效的关系，即和处于密集网络的风投机构相比，处于疏松网络的风投机构网络资源感知先动能力越强，投资绩效越好。网络密度负向调节风投机构网络资源配置利用能力和投资绩效的关系，即和处于密集网络的风投机构相比，处于疏松网络的风投机构网络资源配置利用能力越强，投资绩效越好。其次，网络位置负向调节风投机构网络资源感知先动能力和投资绩效的关系，即和处于高网络位置的风投机构相比，处于低网络位置的风投机构网络资源感知先动能力越强，投资绩效越好。

第四，联合投资网络关系嵌入对风投机构网络能力与投资绩效的关系具有调节作用。具体来说，关系强度正向调节风投机构网络资源感知先动能力和投资绩效的关系，即和处于由弱关系组成的联合投资网络的风投机构相比，处于由强关系组成的联合投资网络的风投机构网络资源感知先动能力越强，投资绩效越好。关系强度正向调节风投机构网络资源配置利用能力和投资绩效的关系，即和处于由弱关系组成的联合投资网络的风投机构相比，处于由强关系组成的联合投资网络的风投机构网络资源配置利用能力越强，投资绩效越好。

第五，联合投资网络结构嵌入与关系嵌入的交互对风投机构网络能力与投资绩效的关系具有调节作用。网络密度负向调节着关系强度对风投机构网

络资源配置利用能力与投资绩效关系的正向调节作用，即相比于密集网络，疏松网络中，这种正向调节作用更强；网络位置负向调节着关系强度对网络资源感知先动能力与投资绩效关系的正向调节作用，即相比于高位置的风投机构，低位置的风投机构的这种正向调节作用将变强。

6.1.2 研究意义

6.1.2.1 理论意义

(1) 结合风险投资过程，界定并测度了风投机构网络能力，揭示了风投机构网络能力的不同维度对投资绩效的作用机理，拓展了企业网络能力的研究领域。

已有文献对网络能力的内涵及构成做了很多努力，但多数是针对创新网络领域的研究，本书的贡献在于：首先，基于网络资源观、联合风险投资理论与动态能力理论，将风投机构网络能力定义为风投机构在联合投资网络中所采取的感知先动、配置利用网络资源并协同自身内部资源行为，以降低投资风险、提升项目质量、提高投资绩效进而获得竞争优势的一种能力，并将其划分为网络资源感知先动能力与网络资源配置利用能力。其次，利用 CV-Source 数据库，构造了相关指标，对其进行了测度。最后，从风险投资运作过程及其知识资源的作用层面，挖掘了风险项目选择、评估、监督与增值服务过程中风投机构获取、利用网络资源（尤其是知识资源）与投资绩效的作用关系。

本书发现有助于启发网络资源与投资绩效关系研究从不同角度去探索“风险投资过程—网络资源获取与利用行为—投资绩效”作用关系内涵，进而更系统地解释为什么一些风投机构能获取大量优质风险项目信息并提供高水平的增值服务，进而获得高额投资回报，而多数风投机构却不能获得高额投资回报的深层次作用机制。本书拓展了企业网络能力测度的研究领域和企业网络能力的研究领域。

(2) 将网络结构嵌入、网络关系嵌入及其交互纳入一个框架，并作为调节变量，解释了风投机构网络能力与投资绩效的关系因网络嵌入的不同而造成的差异，有助于解释“嵌入性悖论”，拓展了网络嵌入的相关研究。

以往研究多将网络结构嵌入或网络关系嵌入作为前因变量，分析其对风投机构绩效的影响，很少将其作为调节变量分析其作用机理。另外，现有研究多集中于网络结构嵌入或网络关系嵌入单一网络嵌入特征对投资绩效产生的影响，对网络关系嵌入与结构嵌入之间可能存在的互动关系所带来的差异化绩效影响还缺乏考虑，更未能结合联合投资网络进行针对性分析。因此，本书将风投机构网络嵌入的结构嵌入、关系嵌入及其交互纳入到一个分析框架，并将其作为调节变量，分别从网络密度和网络位置两个方面分析了结构嵌入的影响机理，从关系强度方面分析了关系嵌入的影响机理，并对二者的交互作用进行了系统分析，并揭示了外部网络嵌入特征对风投机构网络能力与投资绩效关系的调节效应，弥补了先前研究过分关注网络嵌入对风投机构投资绩效影响的主效应，而忽视网络嵌入作为外部网络特征所产生的调节作用的缺陷，也弥补了先前多从网络结构嵌入或网络关系嵌入单一视角的研究，拓展了网络嵌入的研究领域。

本书的研究发现增添了联合投资网络嵌入特征不同的情景下风投机构网络能力对投资绩效产生不同结果的理论解释，有助于解释因网络嵌入特征不同所导致的风投机构网络能力对投资绩效的差异影响；有助于更好地理解网络位置、网络密度等结构嵌入特征、关系强度等关系特征以及两者的交互作用所产生的调节效应，有助于解释“嵌入性悖论”，拓展了网络嵌入的研究领域。

6.1.2.2 实践意义

本书对风投机构的管理实践具有重要的启示：

第一，本书有助于风投机构通过提升网络资源感知先动能力来提升投资绩效。首先，在搜寻并扩大风险项目来源的过程中，应培养其对风险投资市场环境变化的敏锐洞察能力，了解风险企业需要的市场响应能力，并能先于其他风投机构与有合作价值的潜在联合伙伴建立联系。其次，在评估与监督

风险项目过程中，应培养其充分利用伙伴“第二者意见”与识别伙伴的非冗余信息资源，利用信息优势解决信息不对称与不确定性造成的问题。最后，在提供增值服务过程中，应培养其利用来自不同行业或地域的风投机构的更多异质性资源为风险项目提供增值服务的能力。总之，在联合投资网络中获取新颖且多样化的信息，以寻求竞争优势和吸引有益的联合合作伙伴，明确风投机构在联合投资网络中的地位和角色并评估合作的实际效果，努力培养和发展风投机构的未来外部伙伴关系，为选择到优质的风险项目进而提高投资绩效奠定基础。

第二，本书有助于风投机构通过提升网络资源配置利用能力来提升投资绩效。首先，对于传统或比较成熟的潜在风险项目来说，风投机构应选择与具有相似行业或地域投资经验的风投机构进行合作，力求借助伙伴的网络资源，提升自身知识专业化水平，降低风投机构与潜在投资项目之间的信息不对称程度，促进知识共享与吸收，提升对风险项目的评估决策效率。其次，对于来自新生行业或地域的潜在风险项目，风投机构应选择与来自不同行业或不同地域的风投机构进行合作，力求借助伙伴的网络资源，提升自身知识多样化水平，引导风险企业向多样化轨道发展，提升风险企业成功的可能性。

第三，本书有助于改善联合投资网络嵌入特征，更好地发挥网络密度、网络位置与关系嵌入的作用。首先，从网络密度看，风投机构应积极与潜在的联合投资伙伴建立联系，扩大网络规模与网络密度，努力借助“结构洞”的优势获取丰富的网络资源，发挥网络能力的作用，为提高投资绩效提供保障。其次，从网络位置看，风投机构在这个过程中应该权衡自身在联合投资网络中的网络位置高低与自身的网络资源感知先动能力的大小，充分发挥两者应有的作用，以求更好地利用联合投资网络中的网络资源。另外，在利用网络资源提升自身学习能力与知识应用效率、灵活性与适应性的过程中，风投机构要摒弃对网络位置的依赖，应将有限的精力集中在对网络资源的配置利用能力的提升上，努力提升对风险项目的引导水平，为提升投资绩效创造条件。最后，从关系嵌入看，风投机构间不仅应积极加强了解，疏通投资伙伴之间的信息沟通渠道，强化互动，提升联合投资行动过程中的摩擦和冲突的回应和解决速度，增强交换意见的意愿以及达成共识的可能性，以增强彼此的信任以及合作意识，降低交易风险；还应激发知识共享与传递的动力，提高机构间的承诺水平以及对关系的情感依附，降低知识共享风险的顾虑，促进复杂知识的传播与交换、知识或技术共享实现，引领风险企业到更合适的发展轨道上，以达到提高投资绩效的目的。

第四，本书有助于风投机构权衡考虑网络结构嵌入与关系嵌入的相互关系，更好地发挥网络嵌入交互的作用。首先，当处于密集网络中时，风投机构在选择联合投资伙伴时，需要进行认真谨慎的评估，在风险投资全过程中，不要过于依赖联合伙伴等外部网络资源；在联合投资决策过程中，需要保持理性，合作承诺尽量保持在自身资源优势和能力的范围内，做到合理承诺；与联合投资伙伴的互动频率与互动次数要适度，不要过于依赖对方进行决策，培养并提升自身的项目筛选、评估、监督及增值服务能力才是获取投资项目成功的关键。当处于疏松网络时，风投机构则应充分加强与网络成员伙伴间的沟通与交流，努力借助因关系强度而产生的信任机制、知识共享与传递等学习机制的积极作用，积极发挥网络能力的作用，从而达到提高投资绩效的目的。其次，风投机构利用自身网络位置优势时，需要防止因网络位置过高与关系强度过大而产生的“非理性承诺”关系嵌入“过度”，以防止因高位置的“权威”影响而出现非理性承诺，形成机构间的高阶纽带和过于紧密的关系，妨碍关系网络的扩张，难以获取更多元的信息共享关系，从而降低了对信息的筛选与甄别能力，削弱了网络能力的效用，不利于其成功地退出。

6.2 研究创新点

相比于现有研究，本书的创新性工作及创新点主要体现在以下四方面：

6.2.1 运用数据库，构造相关指标，测度了风投机构网络能力

不同于以往研究多采用量表开发与问卷调查方法来测度企业网络能力，本书借鉴风险投资领域多运用大型数据库测度变量的做法，利用 CVSource 数据库，构造了相关指标，对风投机构网络能力进行了测度。具体来说：

第一，网络资源感知先动能力主要反映风投机构借助联合投资网络获取的网络资源的广度，表示风投机构通过网络联结到各种不同距离、不同行业伙伴的程度，因此，对于风投机构网络资源感知先动能力，使用风投机构伙伴的行业多样性与区域多样化来度量。

第二，网络资源配置利用能力主要反映风投机构所获得的网络资源与组织自身资源的互补匹配性，现有研究中广泛运用合作伙伴的专业知识及风险项目流来衡量风投机构对网络资源的利用程度（Gutati，2011；Jääskeläinen，2009），风投机构对获取的伙伴的专业知识和风险项目流信息掌握得越充分，自身资源与伙伴资源得以匹配的可能性越大，风投机构在不同行业、不同地区的投资领域与范围越大，因此，对于风投机构网络资源配置利用能力，使用风投机构投资的行业多样化与区域多样化来度量。本书丰富了企业网络能力测度的研究领域。

6.2.2 揭示了风投机构网络能力影响投资绩效的作用机理，解释了联合投资网络中，因风投机构网络能力个体属性不同造成的绩效差异

已有大量研究表明，网络能力通过直接或间接作用对企业绩效具有重要影响，但成果多数是针对创新网络或集群网络中企业网络能力对创新绩效或企业绩效的影响，针对联合投资网络中风投机构的直接研究十分少见。另外，现有多数研究在分析联合投资网络嵌入特征对风投机构投资绩效的影响机理时，多聚焦于风投机构所在联合投资网络嵌入特征等因素，对作为网络嵌入主体的风投机构网络能力等自身属性可能给投资活动进而对投资绩效造成的影响缺乏足够的考虑。但实际上，联合投资网络内风投机构并非均等地享受同样的资源，而是因其网络能力的不同表现出获取与利用网络资源程度的差异，这也可能是产生风投机构绩效差异的重要原因。因此，本书以联合投资网络为对象，基于网络资源观、联合风险投资理论与动态能力理论，界定了风投机构网络能力的内涵，并将其划分为网络资源感知先动能力与网络资源配置利用能力两个维度，结合风险投资运作过程及其知识资源的作用，分析了风投机构网络能力对其投资绩效的影响。

研究发现：

第一，风投机构网络资源感知先动能力越强，投资绩效越好。网络资源感知先动能力强的风投机构可利用丰富的、非冗余的网络资源，通过扩大项目选择集合、提高项目评估效率、加强对项目的监督以及增强对项目的增值服务，从而产生差异化的投资绩效差异。

第二，风投机构网络资源配置利用能力越强，投资绩效越好。网络资源配置利用能力强的风投机构，借助伙伴的网络资源尤其是知识资源的组合效果，利用知识专业化提高学习和知识应用效率，利用知识多样化来提升适应性和灵活性，从而提高其投资绩效。本书拓展了企业网络能力的研究领域。

6.2.3 将网络结构嵌入、网络关系嵌入及其交互纳入一个框架，并作为调节变量，解释了风投机构网络能力与投资绩效的关系因网络嵌入的不同而造成的差异

以往研究多将网络结构嵌入或网络关系嵌入作为前因变量，分析其对风投机构绩效的影响，未能考虑将其作为外部网络环境特征的调节变量，本书认为联合投资网络为风投机构获取与利用网络资源提供了机会，网络资源的获取与利用取决于网络能力，网络能力的发挥因受到所在网络的结构嵌入与关系嵌入的共同约束与作用，也会产生差异化的绩效结果。因此，本书拟将联合投资网络嵌入作为调节变量，分别从联合投资网络结构嵌入、关系嵌入及其交互三个方面，探讨其对风投机构网络能力与投资绩效关系的调节效应，研究发现，风投机构网络能力与投资绩效的关系会因网络嵌入特征的不同而产生差异，拓展了网络嵌入的相关研究领域。

另外，现有研究多从网络结构嵌入或网络关系嵌入单一嵌入特征考察其对投资绩效的影响，相对忽视了两者之间可能存在的互动关系所产生的差异化调节效应。本书将风投机构网络嵌入的结构嵌入、关系嵌入及其交互纳入到一个分析框架，并将其作为调节变量，分别从网络密度和网络位置两个方面分析了结构嵌入的影响机理，从关系强度方面分析了关系嵌入的影响机理，并对二者的交互作用进行了系统分析，系统揭示了外部网络嵌入特征对风投机构网络能力与投资绩效关系的调节效应。

研究发现：

第一，网络密度负向调节着风投机构网络能力和投资绩效的关系；

第二，网络位置负向调节着风投机构网络能力和投资绩效的关系；

第三，关系强度正向调节着风投机构网络能力和投资绩效的关系；

第四，网络密度负向调节着关系强度对风投机构网络资源配置利用能力与投资绩效关系的正向调节效应，即相比于密集网络，疏松网络中，这种正向调节作用更强；

第五，网络位置负向调节着关系强度对网络资源感知先动能力与投资绩效关系的正向调节作用，即相比于高位置的风投机构，低位置的风投机构使这种正向调节作用将变强。

这些研究发现有助于深入认识网络嵌入各维度及其之间的关系。

6.2.4 将网络能力、网络嵌入置于一个研究框架下，廓清了个体属性与外部嵌入特征对投资绩效的作用机理

不同于以往研究过于关注网络嵌入特征对投资绩效的影响，相对忽视了网络个体属性差异可能带来的绩效差异，本书将网络能力个体属性与网络嵌入外部特征置于一个研究框架下，系统分析了网络能力对投资绩效的主效应，以及网络嵌入的调节效应，丰富了社会网络的研究领域。

7 研究不足及展望

7.1 研究不足与建议

第一，数据库的数据质量可能存在局限。国外相关研究表明大型数据库所提供的数据存在数据遗漏、样本偏差等质量问题（Kaplan，Sensoy & Strömberg，2002；Maats，Metrick & Yasuda，2009），本书以 CVSource 数据库的数据为样本，在研究过程中也发现 CVSource 数据库中存在诸如数据缺失、错误等质量问题，因此，CVSource 数据库的数据质量有可能会影响本书的研究结论。因此，未来的进一步研究中，随着数据来源的扩展，在对数据来源科学分析的基础上，可根据研究主体需要，收集、整理、完善数据，以求研究数据的可靠性。

第二，相关变量的测度存在局限性。首先，对于风投机构的投资绩效，限于收益类数据难以大量获取，参考现有研究成果（Hochberg et al.，2007），本书采用间接测度方法进行度量，可能会存在一些偏差，未来随着数据来源的扩展，可考虑采用基于收益类数据测度的直接度量法度量投资绩效，以提高研究结论的准确性和可靠性。其次，考虑 CVSource 商业数据库数据获取的限制，在测度关系嵌入时，本书只选取了关系强度，但实际上对关系嵌入还可以从关系持久性、关系质量等方面进行测度，那么这些衡量关系嵌入不同方面的测度指标是否会产生差异化的绩效呢？这些问题在本书中尚不能找到答案，需在进一步的研究中回答。最后，在测度风投机构网络能力时，为了与网络位置运用数据库（公开数据）利用中心性指标测度保持一致，本书仍然沿用了依托数据库构造指标的测度方法，这与现有文献中多采用量表开发的做法是不一致的，研究结论的信度还有待检验。因此，未来可以运用量表开发对网络能力重新进行测度，并检验其与风投机构投资绩效的关系，以检验研究结果的稳健性。

第三，本书在分析结构嵌入和关系嵌入的交互时，仅将网络密度、网络位置与关系强度分别组合进行了交互分析，但实际上诸如网络密度与网络位置的交互等结构嵌入的各维度之间、关系强度与关系持久性等关系嵌入的各维度之间也可能存在交互作用，这种交互作用可能会对网络能力与投资绩效的关系产生不同的调节作用，但本书并未探讨这些问题，因此未来研究还可以进一步考察结构嵌入或关系嵌入各个维度之间的交互作用所产生的调节效应。

第四，尽管本书验证了风投机构网络能力对其投资绩效的影响，但并未讨论风投机构网络能力的影响因素。因此，未来采用诸如扎根理论方法来系统探讨风投机构网络能力的影响因素，并揭示其影响机理，为提升风投机构网络能力进而提高投资绩效提供科学依据，也是个重要的研究问题（这一研究问题目前已经完成，成果发表于 2017 年 10 月的《软科学》）。

7.2 研究展望

近年来，在“互联网+”新业态与“双创”系列政策的推动下，商业模式创新层出不穷，创业企业发展势头强劲，但受经济环境、资本市场、风险投资机构与创业企业高管团队等内外部环境的交互影响，创业企业能存活并坚持到获得风投机构下一轮投资的比率很低，发展状况不容乐观。同时，面对创业投资市场中越发凸显的高度不确定性与高风险特征，与创业投资过程中对资金的巨大需求和创业企业专业化、多样化的增值服务要求，风投机构越发依赖联合投资，依靠联合投资伙伴资源来有效开展创业投资活动，以提升创业企业成功率。随着联合投资伙伴和合作次数的变化，风投机构之间的各种直接和间接联系形成了范围更为广泛的联合投资关系网络，风投机构将自身嵌入到与其他投资机构相互关联的网络体系中，并呈现出不同的网络嵌入特征。如何识别联合投资网络结构闭合特征、关系嵌入水平、机构间知识异质程度并厘清其相互关系，系统揭示与其对应的多样、有效且易于解释的信息的作用机理，提高创业企业成长绩效将具有重要的学术价值与实践意义，这也是笔者目前正在深入开展的重要课题——网络闭合、关系嵌入、知识异质的交互效应对创业企业成长绩效的影响研究（教育部人文社会科学研究青年基金西部和边疆地区项目，17XJC630010）。

通过对现有文献的梳理可以看出，学者们已经注意到社会网络理论中单一的网络结构已经不能解释网络成员获取冗余/非冗余信息的绩效差异，还需要考虑网络成员的知识属性差异。但是，随着创业环境的急速变革与联合投资网络的动态变化，联合投资网络结构及其关系嵌入程度越发复杂，还有以下问题需要进一步深入研究。

（1）在联合投资网络中机构间关系的认识上，混淆了网络闭合度与关系嵌入水平。充满结构洞、弱联结、开放的网络结构，并不代表关系嵌入水平弱；反之，关系嵌入程度良好，也不一定就有封闭的强联结结构。从社会资本的视角，以成员间是否直接联结为主要依据划分的强弱关系依然属于关系结构变量，而关系嵌入水平则代表着关系嵌入中的信任、承诺、沟通等。风投机构间联合投资关系研究，应该区分网络结构闭合特征与关系嵌入水平，风投机构间的强联结虽然有利于建立信任，但弱联结也不等于不信任。但二者是共存的，作用机理应该协同，因此应强调二者的交互作用，兼顾两种关系变量组合的优势，而这正是未来所要进一步揭示的。

（2）现有研究存在一个理论矛盾：在关系嵌入良好的前提下，封闭网络中冗余信息的易于解释的优势在开放网络中是缺乏的；在关系嵌入较弱的前提下，开放网络中非冗余信息的多样化优势在封闭网络中是缺乏的。联合投资网络中，因以往合作经历与合作对象的差异，风投机构可能同时嵌入在关系嵌入水平不同的开放网络与封闭网络中，如何将封闭网络的冗余信息优势与开放网络中非冗余信息优势进行整合利用，是未来研究需要揭示的另一个重要问题。

（3）在剥离网络闭合与关系嵌入的影响机理后，成员知识异质度的作用机理会发生哪些变化？网络闭合（开放/封闭）、关系嵌入（良好/不足）以及成员知识异质（专业/多样），三者的组合构成的不同网络构局所带来的社会资本进而创业企业的成长绩效可能也是不同的，因此应该强调三者的交互作用，寻求三种变量的最优组合，而这正是未来需要系统解决的核心问题。

参考文献

［1］Acquaah M. Managerial social capital, strategic orientation, and organizational performance in an emerging economy ［J］. Strategic Management Journal, 2007, 28 (12): 1235-1255.

［2］Afuah A. How much do your "co-opetitors'" capabilities matter in the face of technological change?［J］. Strategic Management Journal, 2000, 21 (3): 387-404.

［3］Ahlstrom D., Bruton G. D. Rapid institutional shifts and the co-evolution of entrepreneurial firms in transition economies ［J］. Entrepreneurship Theory and Practice, 2010, 34 (3): 531-554.

［4］Ahuja G., Coff R. W., Lee P. M. Managerial foresight and attempted rent appropriation: Insider trading on knowledge of imminent breakthroughs ［J］. Strategic Management Journal, 2005, 26 (9): 791-808.

［5］Ahuja G., Katila R. Technological acquisitions and the innovation performance of acquiring firms: A longitudinal study ［J］. Strategic Management Journal, 2001, 22 (3): 197-220.

［6］Ahuja G., Soda G., Zaheer A. The genesis and dynamics of organizational networks ［J］. Organization Science, 2012, 23 (2): 434-448.

［7］Ai C., Norton E. C. Interaction terms in logit and probit models ［J］. Economics Letters, 2003, 80 (1): 123-129.

［8］Almeida P., Phene A., Li S. The influence of ethnic community knowledge on Indian inventor innovativeness [J]. Organization Science, 2014, 26 (1): 198-217.

[9] Andersson U., Forsgren M., Holm U. The strategic impact of external networks: Subsidiary performance and competence development in the multinational corporation [J]. Strategic Management Journal, 2002, 23 (11): 979-996.

[10] Audretsch D. B., Keilbach M. C., Lehmann E. E. Entrepreneurship and economic growth [M]. Oxford University Press, 2006.

[11] Barnes J. Social networks, module in anthropology [J]. Addison-Wesley, Reading/MA, 1974 (26): 7-14.

[12] Barney J. Firm resources and sustained competitive advantage [J]. Journal of Management, 1991, 17 (1): 99-120.

[13] Barney J. B. Is the resource-based "view" a useful perspective for strategic management research? Yes [J]. Academy of Management Review, 2001, 26 (1): 41-56.

[14] Baron R. M., Kenny D. A. The moderator mediator variable distinction in social psychological research: Conceptual, strategic, and statistical considerations [J]. Journal of Personality and Social Psychology, 1986, 51 (6): 1173.

[15] Berg-Utby T., Sørheim R., Widding Lø. Venture capital funds: Do they meet the expectations of portfolio firms? [J]. Venture Capital, 2007, 9 (1): 23-41.

[16] Brander J. A., Amit R., Antweiler W. Venture-capital syndication: improved venture selection vs. the value-added hypothesis [J]. Journal of Economics & Management Strategy, 2004, 11 (3): 423-452.

[17] Bubna A., Das S. R., Prabhala N. What types of syndicate partners do venture capitalists prefer? Evidence from VC communities [R]. Working Paper, Indian School of Business, Leavey School of Business, Robert H. Smith School of Business, 2013.

[18] Burt R. S. Structural holes: The social structure of competition [M]. Harvard University Press, 2009.

[19] Burt R. S. Structural holes [J]. The Social Structure of Competition, 1992 (1): 7-14.

[20] Burt R. S. The contingent value of social capital [J]. Administrative Science Quarterly, 1997, 42 (2): 339-365.

[21] Cai L., Hughes M., Yin M. The relationship between resource acquisition methods and firm performance in Chinese new ventures: The intermediate effect of learning capability [J]. Journal of Small Business Management, 2014, 52 (3): 365-389.

[22] Cantwell J., Zhang F. Technological complexity and the evolving structure of MNC subsidiary knowledge accumulation [J]. Economics Politica Industriale, 2011 (1): 7-14.

[23] Capaldo A. Network structure and innovation: The leveraging of a dual network as a distinctive relational capability [J]. Strategic Management Journal, 2007, 28 (6): 585-608.

[24] Chung S. A., Singh H., Lee K. Complementarity, status similarity and social capital as drivers of alliance formation [J]. Strategic Management Journal, 2000, 21 (1): 1-22.

[25] Cochrane J. H. The risk and return of venture capital [J]. Journal of Financial Economics, 2005, 75 (1): 3-52.

[26] Cohen W. M., Levinthal D. A. Absorptive capacity: A new perspective on learning and innovation [J]. Administrative Science Quarterly, 1990 (1): 128-152.

[27] Coleman J. S. Foundations of social theory [M]. Harvard University Press, 1994.

[28] Coleman J. S. Social capital in the creation of human capital [J]. Amer-

ican Journal of Sociology，1988 (1)：S95-S120.

[29] Collins J. D.，Hitt M. A. Leveraging tacit knowledge in alliances: The importance of using relational capabilities to build and leverage relational capital[J]. Journal of Engineering & Technology Management，2006，23 (3)：147-167.

[30] Conner K. R. A historical comparison of resource-based theory and five schools of thought within industrial organization economics: Do we have a new theory of the firm? [J]. Journal of Management，1991，17 (1)：121-154.

[31] Cox D. R. Regression models and life-tables [J]. Breakthroughs in Statistics: Springer，1992：527-541.

[32] Cross R.，Cummings J. N. Tie and network correlates of individual performance in knowledge-intensive work [J]. Academy of Management Journal，2004，47 (6)：928-937.

[33] De Carolis D. M.，Saparito P. Social capital，cognition，and entrepreneurial opportunities: A theoretical framework[J]. Entrepreneurship Theory and Practice，2006，30 (1)：41-56.

[34] De Clercq D.，Dimov D. Internal knowledge development and external knowledge access in venture capital investment performance [J]. Journal of Management Studies，2007，45 (3)：585-612.

[35] De Clercq D.，Sapienza H. J.，Zaheer A. Firm and group influences on venture capital firms' involvement in new ventures [J]. Journal of Management Studies，2008，45 (7)：1169-1194.

[36] Deli D. N.，Santhanakrishnan M. Syndication in venture capital financing [J]. Financial Review，2010，45 (3)：557-578.

[37] Dewald J.，Bowen F. Storm clouds and silver linings: Responding to disruptive innovations through cognitive resilience [J]. Entrepreneurship Theory and Practice，2010，34 (1)：197-218.

[38] Dimov D., Milanov H. The interplay of need and opportunity in venture capital investment syndication [J]. Journal of Business Venturing, 2010, 25 (4): 331-348.

[39] Dyer J. H., Singh H. The relational view: Cooperative strategy and sources of interorganizational competitive advantage [J]. Academy of Management Review, 1998, 23 (4): 660-679.

[40] Echols A., Tsai W. Niche and performance: The moderating role of network embeddedness [J]. Strategic Management Journal, 2005, 26 (3): 219-238.

[41] Fitza M., Matusik S. F., Mosakowski E. Do VCs matter? The importance of owners on performance variance in start-up firms [J]. Strategic Management Journal, 2009, 30 (4): 387-404.

[42] Fleming L., Sorenson O. Technology as a complex adaptive system: Evidence from patent data [J]. Research Policy, 2001, 30 (7): 1019-1039.

[43] Foss N. J. Knowledge-based approaches to the theory of the firm: Some critical comments [J]. Organization Science, 1996, 7 (5): 470-476.

[44] Freeman L. C. Centrality in social networks conceptual clarification [J]. Social Networks, 1979, 1 (3): 215-239.

[45] Gavetti G., Levinthal D., Rivkin J. W. Strategy-making in novel and complex worlds: The power of analogy [M]. Division of Research, Harvard Business School, 2004.

[46] Glasmeier A. Technological discontinuities and flexible production networks: The case of Switzerland and the world watch industry [J]. Research Policy, 1991, 20 (5): 469-485.

[47] Gnyawali D. R., Madhavan R. Cooperative networks and competitive dynamics: A structural embeddedness perspective [J]. Academy of Management Review, 2001, 6 (3): 431-445.

[48] Gomes-Casseres B. The alliance revolution: The new shape of business rivalry [M]. Harvard University Press, 1996.

[49] Gompers P., Lerner J. The venture capital cycle [M]. MIT Press, 2004.

[50] Gorman M., Sahlman W. A. What do venture capitalists do? [J]. Journal of Business Venturing, 1989, 4 (4): 231-248.

[51] Granovetter M. Economic action and social structure: The problem of embeddedness [J]. American Journal of Sociology, 1985 (1): 481-510.

[52] Granovetter M. Economic institutions as social constructions: A framework for analysis [J]. Acta Sociologica, 1992, 35 (1): 3-11.

[53] Granovetter M. S. The strength of weak ties [J]. American Journal of Sociology, 1973 (1): 1360-1380.

[54] Grant R. M., Baden-Fuller C. A knowledge accessing theory of strategic alliances [J]. Journal of Management Studies, 2004, 41 (1): 61-84.

[55] Grant R. M. Prospering in dynamically-competitive environments: Organizational capability as knowledge integration [J]. Organization Science, 1996, 7 (4): 375-387.

[56] Grigoriou K., Rothaermel F. T. Structural microfoundations of innovation the role of relational stars [J]. Journal of Management, 2014, 40 (2): 586-615.

[57] Gu Q., Lu X. Unraveling the mechanisms of reputation and alliance formation: A study of venture capital syndication in China [J]. Strategic Management Journal, 2014, 35 (5): 739-750.

[58] Gulati R., Khanna T., Nohria N. Unilateral commitments and the importance of process in alliances [J]. Sloan Management Review, 1994 (35): 61.

[59] Gulati R., Lavie D., Madhavan R. R. How do networks matter? The performance effects of interorganizational networks [J]. Research in Organizational Behavior, 2011 (31): 207-224.

[60] Gulati R., Nohria N., Zaheer A. Strategic networks [J]. Strategische Unternehmungsplanung-Strategische Unternehmungsführung, 2006 (1): 293-309.

[61] Gulati R. Alliances and networks [J]. Strategic Management Journal, 1998, 19 (4): 293-317.

[62] Gulati R. Social structure and alliance formation patterns: A longitudinal analysis [J]. Administrative Science Quarterly, 1995 (1): 619-652.

[63] Gulati R. Managing network resources: Alliances, Affiliations and other relational assets [M]. Oxford University Press Oxford, 2007.

[64] Gulati R. Network location and learning: Theinfluence of network resources and firm capabilities on alliance formation [J]. Strategic Management Journal, 1999, 20 (5): 397-420.

[65] Håkansson H., ed. Industrial technological development: A network approach [M]. Croom Helm London, 1987.

[66] Hagedoorn J., Roijakkers N., Kranenburg H. Inter-Firm R&D networks: The importance of strategic network Capabilities for High-Tech partnership formation1 [J]. British Journal of Management, 2006, 17 (1): 39-53.

[67] Hagedoorn J. Understanding the cross-level embeddedness of interfirm partnership formation [J]. Academy of Management Review, 2006, 31 (3): 670-680.

[68] Heide J. B. Interorganizational governance in marketing channels [J]. The Journal of Marketing, 1994: 71-85.

[69] Heimeriks K. H., Duysters G. Alliance capability as a mediator between experience and alliance performance: An empirical investigation into the alliance capability development process [J]. Journal of Management Studies, 2007, 44 (1): 25-49.

[70] Hellmann T. F., Murdock K. C., Stiglitz J. E. Liberalization, moral

hazard in banking, and prudential regulation: Are capital requirements enough? [J].American Economic Review, 2000 (1): 147-165.

[71] Hochberg Y. V., Ljungqvist A., Lu Y. Whom you know matters: Venture capital networks and investment performance[J]. The Journal of Finance, 2007, 62 (1): 251-301.

[72] Hochberg Y. V., Ljungqvist A., Lu Y. Networking as a barrier to entry and the competitive supply of venture capital [J]. The Journal of Finance, 2010, 65 (3): 829-859.

[73] Hoffman A. J., Ocasio W. Not all events are attended equally: Toward a middle-range theory of industry attention to external events [J]. Organization Science, 2001, 12 (4): 414-434.

[74] Hoffmann W. H. Strategies for managing a portfolio of alliances [J]. Strategic Management Journal, 2007, 28 (8): 827-856.

[75] Hovland C. I., Janis I. L., Kelly H. Persuasion and communication [M]. New Have: Yale University Press, 1953.

[76] Human G., Naudé P. Exploring the relationship between network competence, network capability and firm performance: A resource-based perspective in an emerging economy [J]. Management Dynamics: Journal of the Southern African Institute for Management Scientists, 2009, 18 (1): 2-14.

[77] Inkpen A. Research notes and communications: A note on the dynamics of learning alliances: competition, cooperation, and relative scope [J]. Strategic Management Journal, 2000 (21): 775-779.

[78] Inkpen A. C., Tsang E. W. Social capital, networks, and knowledge transfer [J]. Academy of Management Review, 2005, 30 (1): 146-165.

[79] Jääskeläinen M. Network resources of venture capitalists: The effects of resource leverage and status on partner exploration of venture capital firms[J]. 2009 (1): 7-14.

[80] Jääskeläinen M. Venture capital syndication: Synthesis and future directions [J]. International Journal of Management Reviews, 2012, 14 (4): 444-463.

[81] Jack S. L. The role, use and activation of strong and weak network ties: A qualitative analysis [J]. Journal of Management Studies, 2005, 42 (6): 1233-1259.

[82] Jarillo J. C. On strategic networks [J]. Strategic Management Journal, 1988, 9 (1): 31-41.

[83] Kale P., Dyer J. H., Singh H. Alliance capability, stock market response, and long-term alliance success: The role of the alliance function [J]. Strategic Management Journal, 2002, 23 (8): 747-767.

[84] Kale P., Singh H. Building firm capabilities through learning: The role of the alliance learning process in alliance capability and firm-level alliance success [J]. Strategic Management Journal, 2007, 28 (10): 981-1000.

[85] Kaplan S. N., Strömberg P. Financial contracting theory meets the real world: An empirical analysis of venture capital contracts [J]. The Review of Economic Studies, 2003, 70 (2): 281-315.

[86] Kaplan S. N., Strömberg P. E. Characteristics, contracts, and actions: Evidence from venture capitalist analyses [J]. The Journal of Finance, 2004, 59 (5): 2177-2210.

[87] Kaplan S. N., Stromberg P. Financial contracting theory meets the real world: An empirical analysis of venture capital contracts [R]. National Bureau of Economic Research, 2000.

[88] Keil T., Maula M. V., Wilson C. Unique resources of corporate venture capitalists as a key to entry into rigid venture capital syndication networks [J]. Entrepreneurship Theory and Practice, 2010, 34 (1): 83-103.

[89] Khanna T., Gulati R., Nohria N. The dynamics of learning alliances:

Competition, cooperation, and relative scope [J]. Strategic Management Journal, 1998, 19 (3): 193–210.

[90] Kim K. On determinants of joint action in industrial distributor–supplier relationships: Beyond economic efficiency [J]. International Journal of Research in Marketing, 1999, 16 (3): 217–236.

[91] Koberg C. S., Detienne D. R., Heppard K. A. An empirical test of environmental, organizational, and process factors affecting incremental and radical innovation [J]. The Journal of High Technology Management Research, 2003, 14 (1): 21–45.

[92] Kogut B., Zander U. Knowledge of the firm, combinative capabilities, and the replication of technology [J]. Organization Science, 1992, 3 (3): 383–397.

[93] Kogut B. The network as knowledge: Generative rules and the emergence of structure [J]. Strategic Management Journal, 2000, 21 (3): 405–425.

[94] Krackhardt D. The strength of strong ties: The importance of philos in organizations [J]. Networks and Organizations: Structure, Form, and Action, 1992 (216): 239.

[95] Large D., Muegge S. Venture capitalists' non–financial value–added: An evaluation of the evidence and implications for research [J]. Venture Capital, 2008, 10 (1): 21–53.

[96] Lavie D. Alliance portfolios and firm performance: A study of value creation and appropriation in the U.S. software industry [J]. Strategic Management Journal, 2007, 28 (12): 1187–1212.

[97] Lavie D. The competitive advantage of interconnected firms: An extension of the resource–based view [J]. Academy of Management Review, 2006, 31 (3): 638–658.

[98] Lavy S., Bareli Y., Ein–Dor T. The effects of attachment heterogeneity

and team cohesion on team functioning [J]. Small Group Research, 2014, 46 (1): 27-49.

[99] Lee G. K. The significance of network resources in the race to enter emerging product markets: The convergence of telephony communications and computer networking, 1989-2001 [J]. Strategic Management Journal, 2007, 28 (1): 17-37.

[100] Lerner J. The syndication of venture capital investments [J]. Financial Management, 1994 (1): 16-27.

[101] Li W., Veliyath R., Tan J. Network characteristics and firm perfor mance: An examination of the relationships in the context of a cluster [J]. Jour nal of Small Business Management, 2013, 51 (1): 1-22.

[102] Lin N., Cook K. S., Burt R. S. Social capital: Theory and research [M]. Transaction Publishers, 2001.

[103] Lindsay N. J. Do business angels have an entrepreneurial orientation? [J]. Venture Capital, 2004, 6 (2-3): 197-210.

[104] Lindsey L. Blurring firm boundaries: The role of venture capital in strategic alliances [J]. The Journal of Finance, 2008, 63 (3): 1137-1168.

[105] Liu T.-L., Shou I. Enhancement of customer network relationship via governance mechanism of inter-organizational core resource and core knowledge strategic alliance [J]. Journal of American Academy of Business, 2004, 5 (1/2): 220-229.

[106] Lockett A., Wright M. The syndication of private equity: Evidence from the UK [J]. Venture Capital: An International Journal of Entrepreneurial Finance, 1999, 1 (4): 303-324.

[107] Lorenzoni G., Lipparini A. The leveraging of interfirm relationships as a distinctive organizational capability: A longitudinal study [J]. Strategic Management Journal, 1999, 20 (4): 317-338.

[108] Möller K. K., and Aino Halinen. Business Relationships and Networks: Managerial Challenge of Network Era [J]. Industrial Marketing Management, 1999, 28 (5): 413-427.

[109] Maats F., Metrick A., Yasuda A. On the consistency and reliability of venture capital databases [R]. Unpublished Working Paper, 2011.

[110] Manigart S., Lockett A., Meuleman M. Venture capitalists' decision to syndicate [J]. Entrepreneurship Theory and Practice, 2006, 30 (2): 131-153.

[111] March J. G. Exploration and exploitation in organizational learning [J]. Organization Science, 1991, 2 (1): 71-87.

[112] Matusik S. F., Fitza M. A. Diversification in the venture capital industry: Leveraging knowledge under uncertainty [J]. Strategic Management Journal, 2012, 33 (4): 407-426.

[113] Mcevily B., Zaheer A. Bridging ties: A source of firm heterogeneity in competitive capabilities [J]. Strategic Management Journal, 2015, 20 (12): 1133-1156.

[114] Meuleman M., Wright M., Manigart S. Private equity syndication: Agency costs, reputation and collaboration [J]. Journal of Business Finance & Accounting, 2009, 36 (5-6): 616-644.

[115] Mitchell J. C. The concept and use of social networks [M]. Bobbs-Merrill, 1969.

[116] Mitchell W., Singh K. Survival of business using collaborative relatitionships to commercialize complex goods [J]. Strategic Management Journal, 1996, 17 (3): 169-195.

[117] Mizruchi M. S., Stearns L. B., Fleischer A. Getting a bonus: Social networks, performance, and reward among commercial bankers [J]. Organization Science, 2011, 22 (1): 42-59.

[118] Mizruchi M. S., Stearns L. B. Getting deals done: The use of social

networks in bank decision-making [J]. American Sociological Review, 2001 (1): 647-671.

[119] Mort G. S., Weerawardena J., Meng A. C. Networking capability and "born global" exporters [A]. Proceedings of the 8th Australia and New Zealand marketing academy conference (ANZMAC) conference [C]. 2005.

[120] Nahata R. Venture capital reputation and investment performance [J]. Journal of Financial Economics, 2008, 90 (2): 127-151.

[121] Ndofor H. A., Sirmon D. G., He X. Firm resources, competitive actions and performance: Investigating a mediated model with evidence from the in-vitro diagnostics industry [J]. Strategic Management Journal, 2011, 32 (6): 640-657.

[122] Nerkar A., Paruchuri S. Evolution of R&D capabilities: The role of knowledge networks within a firm [J]. Management Science, 2005, 51 (5): 771-785.

[123] Nikoskelainen E., Wright M. The impact of corporate governance mechanisms on value increase in leveraged buyouts [J]. Journal of Corporate Finance, 2007, 13 (4): 511-537.

[124] Nisar T., Martin R., Abell P. Performance effects of venture capital firm networks [J]. Management Decision, 2007, 45 (5): 923-936.

[125] Pagano A. The role of relational capabilities in the organization of international sourcing activities: A literature review [J]. Industrial Marketing Management, 2009, 38 (8): 903-913.

[126] Paruchuri S. Intraorganizational networks, interorganizational networks, and the impact of central inventors: A longitudinal study of pharmaceutical firms [J]. Organization Science, 2010, 21 (1): 63-80.

[127] Petersen T., Saporta I., Seidel M. D. L. Offering a Job: Meritocracy and Social Networks1 [J]. American Journal of Sociology, 2000, 106 (3):

763-816.

[128] Phillips N., Tracey P., Karra N. Building entrepreneurial tie portfolios through strategic homophily: The role of narrative identity work in venture creation and early growth [J]. Journal of Business Venturing, 2013, 28 (1): 134-150.

[129] Podolny J. M., Baron J. N. Resources and relationships: Social networks and mobility in the workplace [J]. American Sociological Review, 1997 (1): 673-693.

[130] Podolny J. M. Market uncertainty and the social character of economic exchange [J]. Administrative Science Quarterly, 1994 (1): 458-483.

[131] Polyani K. The great transformation [M]. New York: Rinehart, 1944.

[132] Powell W. W., Koput K. W., Smith-Doerr L. Interorganizational collaboration and the locus of innovation: Networks of learning in biotechnology [J].Administrative Science Quarterly, 1996 (1): 116-145.

[133] Powell W. W. Interorganizational collaboration and the locus of innovation: Networks of learning in biotechnology [J]. Administrative Science Quarterly, 1996, 41 (1): 116-145.

[134] Presutti M., Boari C., Majocchi A. The importance of proximity for the Start-Ups' knowledge acquisition and exploitation [J]. Journal of Small Business Management, 2011, 49 (3): 361-389.

[135] Quintana-García C., Benavides-Velasco C. A. Innovative competence, exploration and exploitation: The influence of technological diversification [J].Research Policy, 2008, 37 (3): 492-507.

[136] Rangan S. The problem of search and deliberation in economic action: When social networks really matter [J]. Academy of Management Review, 2000, 25 (4): 813-828.

［137］ Reagans R., McEvily B. Network structure and knowledge transfer: The effects of cohesion and range［J］. Administrative Science Quarterly, 2003, 48 (2): 240-267.

［138］ Ritter T., Gemünden H. G. Interorganizational relationships and net works: An overview［J］. Journal of Business Research, 2003, 56 (9): 691-697.

［139］ Ritter T., Gemünden H. G. Network competence: Its impact on innovation success and its antecedents［J］. Journal of Business Research, 2003, 56 (9): 745-755.

［140］ Ritter T., Wilkinson I. F., Johnston W. J. Managing in complex business networks［J］. Industrial Marketing Management, 2004, 33 (3): 175-183.

［141］ Ritter T., Wilkinson I. F., Johnston W. J. Measuring network competence: Some international evidence［J］. Journal of Business & Industrial Marketing, 2002, 17 (2/3): 119-138.

［142］ Ritter T. The networking company: Antecedents for coping with relationships and networks effectively［J］. Industrial Marketing Management, 1999, 28 (5): 467-479.

［143］ Rodan S. Structural holes and managerial performance: Identifying the underlying mechanisms［J］. Social Networks, 2010, 32 (3): 168-179.

［144］ Rosenkopf L., Nerkar A. Beyond local search: Boundary-spanning, exploration, and impact in the optical disk industry［J］. Strategic Management Journal, 2001, 22 (4): 287-306.

［145］ Rost K. The strength of strong ties in the creation of innovation［J］. Research Policy, 2011, 40 (4): 588-604.

［146］ Rothaermel F. T. Incumbent's advantage through exploiting complementary assets via interfirm cooperation［J］. Strategic Management Journal, 2001, 22 (6-7): 687-699.

［147］ Rowley T., Behrens D., Krackhardt D. Redundant governance structures: An analysis of structural and relational embeddedness in the steel and semiconductor industries [J]. Strategic Management Journal, 2000, 21 (3): 369-386.

[148] Salman N., Saives A. L. Indirect networks: An intangible resource for biotechnology innovation [J]. R&D Management, 2005, 35 (2): 203-215.

[149] Salman N. Networks and innovation: A social network analysis of biotechnology collaboration [D]. Concordia University, 2002.

[150] Sarkar M., Aulakh P. S., Madhok A. Process capabilities and value generation in alliance portfolios [J]. Organization Science, 2009, 20 (3): 583-600.

[151] Saxton T. The effects of partner and relationship characteristics on alliance outcomes [J]. Academy of Management Journal, 1997, 40 (2): 443-461.

[152] Schiefer G., Fritz M., Ziggers G. Inter-firm network capability: How it affects buyer-supplier performance [J]. British Food Journal, 2009, 111 (8): 794-810.

[153] Schilke O., Goerzen A. Alliance management capability: An investigation of the construct and its measurement [J]. Journal of Management, 2010, 36 (5): 1192-1219.

[154] Schreiner M., Kale P., Corsten D. What really is alliance management capability and how does it impact alliance outcomes and success? [J]. Strategic Management Journal, 2009, 30 (13): 1395-1419.

[155] Seibert S. E., Kraimer M. L., Liden R. C. A social capital theory of career success [J]. Academy of Management Journal, 2001, 44 (2): 219-237.

[156] Sharma S., Durand R. M., Gur-Arie O. Identification and analysis of moderator variables [J]. Journal of Marketing Research, 1981 (1): 291-300.

[157] Simon H. A. Bounded rationality and organizational learning [J]. Organization Science, 1991, 2 (1): 125-134.

[158] Sirmon D. G., Hitt M. A., Ireland R. D. Resource orchestration to create competitive advantage breadth, depth, and life cycle effects [J]. Journal of Management, 2011, 37 (5): 1390-1412.

[159] Sluyts K., Matthyssens P., Martens R. Building capabilities to manage strategic alliances [J]. Industrial Marketing Management, 2011, 40 (6): 875-886.

[160] Soda G., Usai A., Zaheer A. Network memory: The influence of past and current networks on performance [J]. Academy of Management Journal, 2004, 47 (6): 893-906.

[161] Soh P. H. Network patterns and competitive advantage before the e mergence of a dominant design [J]. Strategic Management Journal, 2010, 31 (4): 438-461.

[162] Sorenson O., Stuart T. E. Bringing the context back in: Settings and the search for syndicate partners in venture capital investment networks [J]. Administrative Science Quarterly, 2008, 53 (2): 266-294.

[163] Sorenson O., Stuart T. E. Syndication networks and the spatial distribution of venture capital investments [J]. American Journal of Sociology, 2001, 106 (6): 1546-1588.

[164] Swaminathan V., Moorman C. Marketing alliances, firm networks, and firm value creation [J]. Journal of Marketing, 2009, 73 (5): 52-69.

[165] Sytch M., Tatarynowicz A. Exploring the locus of invention: The dynamics of network communities and firms' invention productivity [J]. Academy of Management Journal, 2014, 57 (1): 249-279.

[166] Ting Helena Chiu Y. How network competence and network location influence innovation performance [J]. Journal of Business & Industrial Marketing, 2008, 24 (1): 46-55.

[167] Tiwana A. Do bridging ties complement strong ties? An empirical ex-

amination of alliance ambidexterity [J]. Strategic Management Journal, 2008, 29 (3): 251.

[168] Tröster C., Mehra A., van Knippenberg D. Structuring for team success: The interactive effects of network structure and cultural diversity on team potency and performance [J]. Organizational Behavior and Human Decision Processes, 2014, 124 (2): 245-255.

[169] Uzzi B. Social structure and competition in interfirm networks: The paradox of embeddedness [J]. Administrative Science Quarterly, 1997 (1): 5-67.

[170] Uzzi B. The sources and consequences of embeddedness for the economic performance of organizations: The network effect [J]. American Sociological Review, 1996 (1): 674-698.

[171] Van Den Bosch F. A., Volberda H. W., De Boer M. Coevolution of firm absorptive capacity and knowledge environment: Organizational forms and combinative capabilities [J]. Organization Science, 1999, 10 (5): 551-568.

[172] Verwaal E., Bruining H., Wright M. Resources access needs and capabilities as mediators of the relationship between VC firm size and syndication [J]. Small Business Economics, 2010, 34 (3): 277-291.

[173] Walter A., Auer M., Ritter T. The impact of network capabilities and entrepreneurial orientation on university spin-off performance [J]. Journal of Business Venturing, 2006, 21 (4): 541-567.

[174] Wassmer U. D. Pierre Network resource stocks and flows: How do alliance portfolios affect the value of new alliance formations? [J]. Strategic Management Journal, 2011 (32): 871-883.

[175] Watson J. Modeling the relationship between networking and firm performance [J]. Journal of Business Venturing, 2007, 22 (6): 852-874.

[176] Wincent J., Anokhin S., Örtqvist D. Does network board capital matter? A study of innovative performance in strategic SME networks [J]. Journal of

Business Research, 2010, 63 (3): 265-275.

[177] Wright M., Lockett A. The structure and management of alliances: Syndication in the venture capital industry [J]. Journal of Management Studies, 2003, 40 (8): 2073-2102.

[178] Yavuz U. O. When do Interorganizational Relationships Work? [D]. Columbia University, 2009.

[179] Zaheer A., Gulati R., Nohria N. Strategic networks [J]. Strategic Management Journal, 2000, 21 (3): 203.

[180] Zaheer A., McEvily B. Bridging ties: A source of firm heterogeneity in competitive capabilities [J]. Strategic Management Journal, 1999, 20 (12): 1133.

[181] Zenger T. R., Hesterly W. S. The disaggregation of corporations: Selective intervention, high-powered incentives, and molecular units [J]. Organization Science, 1997, 8 (3): 209-222.

[182] Zollo M., Winter S. G. Deliberate Learning and the Evolution of Dynamic Capabilities [J]. Organization Science, 2002, 13 (3): 339-351.

[183] Zukin S., DiMaggio P. Structures of capital: The social organization of the economy [M]. CUP Archive, 1990.

[184] 安纳利·萨克森宁，曹逢，杨宇光. 地区优势：硅谷和128公路地区的文化与竞争 [M]. 上海：上海远东出版社，1999.

[185] 蔡宁，何星. 社会网络能够促进风险投资的“增值”作用吗？——基于风险投资网络与上市公司投资效率的研究 [J]. 金融研究，2015 (12): 178-193.

[186] 蔡宁，潘松挺. 网络关系强度与企业技术创新模式的耦合性及其协同演化——以海正药业技术创新网络为例 [J]. 中国工业经济，2008 (4): 137-144.

[187] 常红锦，党兴华，史永立. 网络嵌入性与成员退出：基于创新网

络的分析［J］. 研究与发展管理，2013（4）：30-40.

［188］常路. 动态视角下的企业网络能力与成长绩效关系研究——基于组织学习的中介机制［J］. 现代财经（天津财经大学学报），2014（1）：6+7-14.

［189］陈学光，徐金发. 基于企业网络能力的创新网络研究［J］. 技术经济，2007（3）：42-44+116.

［190］党兴华，董建卫，吴红超. 风险投资机构的网络位置与成功退出：来自中国风险投资业的经验证据［J］. 南开管理评论，2011（2）：82-91+101.

［191］党兴华，董建卫，陈蓉. 风险投资机构的网络位置对其退出方式的影响研究［J］. 中国软科学，2011（6）：156-166.

［192］党兴华，董建卫，杨敏利. 风险投资机构网络位置影响成功退出的机理［J］. 科研管理，2012（10）：129-137.

［193］董建卫，党兴华，陈蓉. 风险投资机构的网络位置与退出期限：来自中国风险投资业的经验证据［J］. 管理评论，2012（9）：49-56.

［194］范志刚，刘洋，吴晓波. 网络嵌入与组织学习协同对战略柔性影响研究［J］. 科研管理，2014（12）：14.

［195］方刚. 网络能力结构及对企业创新绩效作用机制研究［J］. 科学学研究，2011（3）：461-470.

［196］郝生宾，于渤. 企业网络能力对自主创新影响的实证研究［J］. 科学学与科学技术管理，2009（4）：77-80.

［197］何文靓，彭迪云. 网络能力、知识租金获取及集群企业国际化成长的关系研究［J］. 统计与决策，2015（2）：182-185.

［198］何郁冰，张迎春. 网络类型与产学研协同创新模式的耦合研究［J］. 科学学与科学技术管理，2015（2）：62-69.

［199］胡刘芬，周泽将. 风险投资机构的网络关系会影响联合投资决策吗——基于中国风险投资市场的经验证据［J］. 山西财经大学学报，2017（5）：27-38.

［200］胡启明，王国顺. 战略联盟能力整合架构对企业国际化绩效的影

响与设计研究——以株洲硬质合金集团有限公司为例 [J]. 预测，2014，33（1）：70-74.

[201] 姜翰，金占明. 关系成员企业管理者社会资本水平与其机会主义行为间关系的实证研究——以中外合资企业为例 [J]. 南开管理评论，2008（4）：34-42.

[202] 李波，梁樑. 联合投资中领投者与跟投者的绩效对比——基于中国风险投资辛迪加网络的实证研究 [J]. 管理世界，2017（1）：178-179.

[203] 李德强，彭灿，杨红. 网络能力对双元创新协同性的影响：环境动态性的调节作用 [J]. 科技管理研究，2017，37（10）：14-23.

[204] 李飞星，杨伟文. 传统产业集群企业网络能力与竞争力影响机理实证研究 [J]. 系统工程，2012（8）：15.

[205] 李纲，陈静静，杨雪. 网络能力、知识获取与企业服务创新绩效的关系研究——网络规模的调节作用 [J]. 管理评论，2017，29（2）：59-68.

[206] 李伟铭，黎春燕，杨丹. 新企业网络能力的高阶维度结构及对创业成长影响的实证研究 [J]. 科学学与科学技术管理，2013，24（3）：116-125.

[207] 李智超，卢阳旭，锁利铭. 风险投资企业的网络结构特征对投资绩效的影响研究 [J]. 软科学，2015，29（12）：5-8.

[208] 刘军. 社会网络分析法 [M]. 重庆：重庆大学出版社，2007.

[209] 刘兰剑. 网络能力、网络治理与企业成长间关系及研究动向分析 [J]. 软科学，2011（3）：105-109.

[210] 刘学元，丁雯婧，赵先德. 企业创新网络中关系强度、吸收能力与创新绩效的关系研究 [J]. 南开管理评论，2016，19（1）：30-42.

[211] 罗吉，党兴华，王育晓. 网络位置、网络能力与风险投资机构投资绩效：一个交互效应模型 [J]. 管理评论，2016，28（9）：83-97.

[212] 罗家德，秦朗，周伶. 中国风险投资产业的圈子现象 [J]. 管理学报，2014（4）：469-477.

[213] 罗家德. 社会网分析讲义 [M]. 北京：社会科学文献出版社，2005.

[214] 罗珉，刘永俊. 企业动态能力的理论架构与构成要素 [J]. 中国工业经济，2009（1）：75-86.

[215] 马鸿佳，董保宝，葛宝山. 高科技企业网络能力、信息获取与企业绩效关系实证研究 [J]. 科学学研究，2010（1）：127-132.

[216] 聂富强，张建，伍晶. 网络嵌入性对风险投资联盟成功退出投资对象的影响：机理与证据 [J]. 研究与发展管理，2016，28（5）：12-22.

[217] 潘松挺，郑亚莉. 网络关系强度与企业技术创新绩效——基于探索式学习和利用式学习的实证研究 [J]. 科学学研究，2011（11）：1736-1743.

[218] 彭新敏. 权变视角下的网络联结与组织绩效关系研究 [J]. 科研管理，2009（3）：47-55.

[219] 任胜钢，舒睿. 创业者网络能力与创业机会：网络位置和网络跨度的作用机制 [J]. 南开管理评论，2014，17（1）：123-133.

[220] 任胜钢. 企业网络能力结构的测评及其对企业创新绩效的影响机制研究 [J]. 南开管理评论，2010（1）：69-80.

[221] 芮正云，庄晋财. 创业者网络能力、吸收能力与新创小微企业成长 [J]. 财经论丛，2014（187）：74-81.

[222] 沙振权，周飞. 企业网络能力对集群间企业合作绩效的影响研究 [J]. 管理评论，2013（6）：95-103.

[223] 唐青青，谢恩，梁杰. 知识库与突破性创新：关系嵌入强度的调节 [J]. 科学学与科学技术管理，2015（7）：21-29.

[224] 王蔷. 战略联盟内部的相互信任及其建立机制 [J]. 南开管理评论，2000（3）：13-17.

[225] 王曦，党兴华，王育晓. 风险投资机构网络位置对投资绩效影响的差异——专业化程度的调节作用 [J]. 华东经济管理，2015，29（2）：97-104.

[226] 王曦，党兴华. 本地偏好对退出绩效的影响研究——基于中国本土风险投资机构的经验检验 [J]. 科研管理，2014，35（2）：111-118.

[227] 王益锋，王晓萌. 网络能力、资源获取与技术创新绩效——基于

科技型小微企业的实证研究 [J]. 科技管理研究，2016，36（6）：135-140.

[228] 王玉，邓艳宾. 企业关系管理能力、网络中心度和探索式合作创新——基于长三角高新技术企业数据的分析 [J]. 商业研究，2017，59（3）：102-109.

[229] 王育晓，党兴华，王曦. 联合投资伙伴选择：资源“累积性”还是“相似性”匹配？[J]. 科研管理，2015（36）：144-151.

[230] 王育晓，党兴华，张晨. 基于扎根理论的风险投资机构网络能力影响因素研究 [J]. 软科学，2017（10）：125-129.

[231] 王育晓，杨贵霞，王曦. 风险投资机构网络能力影响因素研究 [J]. 商业研究，2015，59（7）：150-157.

[232] 王育晓. 风险投资机构间的资源互补与联合投资的形成 [J]. 西安工业大学学报，2013（9）：724-730.

[233] 韦春北. 网络能力对企业竞争力的影响研究 [D]. 武汉理工大学博士学位论文，2012.

[234] 吴剑峰，吕振艳. 资源依赖、网络中心度与多方联盟构建——基于产业电子商务平台的实证研究 [J]. 管理学报，2007（4）：509-513.

[235] 吴结兵，徐梦周. 网络密度与集群竞争优势：集聚经济与集体学习的中介作用——2001~2004 年浙江纺织业集群的实证分析 [J]. 管理世界，2008（8）：69-76+187-188.

[236] 吴结兵. 基于企业网络结构与动态能力的产业集群竞争优势研究 [D]. 浙江大学博士学位论文，2006.

[237] 吴晓云，王建平. 网络关系强度对技术创新绩效的影响——不同创新模式的双重中介模型 [J]. 科学学与科学技术管理，2017，38（7）：155-166.

[238] 吴岩. 新创企业网络能力对创新能力的影响研究——基于知识管理能力的中介作用 [J]. 科学学研究，2014，32（8）：1218-1226.

[239] 伍晶，张建，聂富强. 网络嵌入性对联合风险投资信息优势的影

响 [J]. 科研管理，2016，37（4）：143-151.

[240] 谢洪明，陈盈，程聪. 网络密度、知识流入对企业管理创新的影响 [J]. 科学学研究，2011（10）：1542-1548+1567.

[241] 谢洪明，王现彪，吴溯. 激励对 IJVs 知识管理和管理创新的影响——华南地区企业的实证研究 [J]. 科学学研究，2009（1）：147-153.

[242] 谢洪明，张霞蓉，程聪，陈盈. 网络关系强度、企业学习能力对技术创新的影响研究 [J]. 科研管理，2012（2）：55-62.

[243] 谢洪明，张颖，程聪，陈盈. 网络嵌入对技术创新绩效的影响：学习能力的视角 [J]. 科研管理，2014（12）：1-8.

[244] 谢洪明，赵丽，程聪. 网络密度、学习能力与技术创新的关系研究 [J]. 科学学与科学技术管理，2011（10）：57-63.

[245] 邢小强，仝允桓. 创新视角下的企业网络能力与技术能力关系研究 [J]. 科学学与科学技术管理，2007（12）：182-186.

[246] 邢小强，仝允桓. 网络能力：概念、结构与影响因素分析 [J]. 科学学研究，2006（S2）：558-563.

[247] 徐金发，许强，王勇. 企业的网络能力剖析 [J]. 外国经济与管理，2001（11）：21-25.

[248] 徐梦周，蔡宁. 联合投资网络、中心性与创投机构绩效——基于 IDGVC 的探索式研究 [J]. 重庆大学学报（社会科学版），2011（1）：54-61.

[249] 杨皎平，张恒俊，侯楠. 集群企业间关系强度对合作技术创新的影响——基于企业类型和创新类型的视角 [J]. 运筹与管理，2015，24（1）：280-287.

[250] 杨敏利，党兴华. 风险投资机构的网络位置对 IPO 期限的影响 [J]. 中国管理科学，2014，22（7）：140-148.

[251] 杨敏利，党兴华. 主风险投资机构声誉、投资阶段与联合投资辛迪加构成 [J]. 预测，2012（6）：21-27.

[252] 张宝建，孙国强，裴梦丹. 网络能力、网络结构与创业绩效——

基于中国孵化产业的实证研究［J］. 南开管理评论，2015，18（2）：39-50.

［253］张闯. 管理学研究中的社会网络范式：基于研究方法视角的 12 个管理学顶级期刊（2001~2010）文献研究［J］. 管理世界，2011（7）：154-163+168.

［254］张君立. 网络能力对新创企业资源构建的影响研究［D］. 吉林大学博士学位论文，2008.

［255］张荣祥，伍满桂. 网络动态能力、创新网络质量及其创新绩效关系研究［J］. 兰州大学学报（社会科学版），2009，37（2）：107-114.

［256］章丹. 技术创新网络中核心企业网络能力对网络创新绩效的影响研究［D］. 浙江工商大学博士学位论文，2012.

［257］赵辉，田志龙. 伙伴关系、结构嵌入与绩效：对公益性 CSR 项目实施的多案例研究［J］. 管理世界，2014（6）：142-156.

［258］赵爽，肖洪钧. 基于网络能力的企业绩效提升路径研究［J］. 科技进步与对策，2010（6）：71-75.

［259］周江华，刘宏程，仝允桓. 企业网络能力影响创新绩效的路径分析［J］. 科研管理，2013（6）：58-67.

［260］朱秀梅，陈琛，蔡莉. 网络能力、资源获取与新企业绩效关系实证研究［J］. 管理科学学报，2010（4）：44-56.

［261］朱亚丽，徐青，吴旭辉. 网络密度对企业间知识转移效果的影响——以转移双方企业转移意愿为中介变量的实证研究［J］. 科学学研究，2011（3）：427-431.